AF365545

Fútbol:
ENTRENAMIENTO CONJUNTO DE AMPLITUD Y PROFUNDIDAD

Concepto y 50 tareas para su entrenamiento

Manuel Jesús Crespo García

©Copyright: Manuel Jesús Crespo García
©Copyright: De la presente Edición, Año 2020 WANCEULEN EDITORIAL

Título: FÚTBOL: ENTRENAMIENTO CONJUNTO DE AMPLITUD Y PROFUNDIDAD
Autor: MANUEL JESÚS CRESPO GARCÍA
Corrección del texto: MANUELA CASTILLO SOLER

Editorial: WANCEULEN EDITORIAL
Sello Editorial: WANCEULEN EDITORIAL DEPORTIVA

ISBN: 978-84-18486-26-5

DEPÓSITO LEGAL: SE 1269-2020

Impreso en España. 2020

WANCEULEN S.L.
C/ Cristo del Desamparo y Abandono, 56 - 41006 Sevilla
Dirección web: www.wanceuleneditorial.com y www.wanceulen.com
Email: info@wanceuleneditorial.com

ÍNDICE

INTRODUCCIÓN

En la iniciación al mundo del entrenamiento es muy usual intentar encontrar una receta o una fórmula que resuelva nuestras necesidades y que cubra las posibles lagunas que tengamos en nuestro conocimiento o en nuestra capacidad.

La complejidad y diversidad del juego hacen que haya que tener un conocimiento del mismo para su enseñanza y para su aprendizaje en algunos casos.

El fútbol está evolucionando y van apareciendo nuevos conceptos con diversidad de interpretaciones atendiendo a las distintas corrientes a las que seamos más afines. No obstante, creo que todo se puede adaptar y se le puede sacar rendimiento siempre que tenga una buena argumentación y no nos dejemos atraer por dogmas.

Este libro con tareas no pretende ser una respuesta matemática a las necesidades que pueda tener un entrenador para encontrar soluciones a los problemas que se le planteen. La intención es poder manejar recursos, adaptarlos a nuestra realidad de entrenamientos y que puedan introducirnos y orientarnos a conseguir en el entrenamiento los objetivos pretendidos.

He reducido el uso de material para simplificar y poder llegar a cualquier nivel de recursos y que puedan ser llevadas a cabo en cualquier realidad, sin necesidad de unos materiales que dificulten su realización.

Existen distintos tipos de tareas para la mejora del dominio colectivo de cualquier medio que queramos que nuestro equipo maneje durante el desarrollo de los partidos. Atendiendo a la metodología empleada, la duración, los espacios, el número de jugadores... pueden variar para satisfacer nuestro modelo de juego.

A continuación, desarrollaré distintas tareas desde las más simples a las de mayor complejidad para poder trabajar el concepto de la presión tras pérdida y que puedan formar parte de distintos modelos de juego ya que, atendiendo a las pretensiones de cada entrenador y a la metodología a emplear, cada uno debe introducirlas donde considere oportuno. Estas tareas carecen de un contexto y de una estrategia operativa, para los cuales necesitarán adaptación por parte del entrenador a todas las variables que crea que pueden tener incidencia en el desarrollo del juego de su equipo y a las características del mismo.

Todas las tareas propuestas carecerán de un contexto propio, del rival, la competición y la situación para el desarrollo de la estrategia operativa y el modelo de juego.

Castellano y Casamichana (2016) proponen este cuadro para la clasificación de las tareas según los metros cuadrados por jugador y a las demandas a las que serán exigidas los jugadores:

m^2 / jugador	1<2	3<4	5<7	8<10
<50	Fuerza		Recuperación	
<100	Fuerza		Recuperación	
<200	Frecuencia cardíaca		Velocidad	
>200	Frecuencia cardíaca		Velocidad	

En este libro se indicarán el número de jugadores y la división y distribución de los espacios. No obstante, para que la tarea se adapte a cada equipo, estado físico de los jugadores, modelo de juego y metodología, cada entrenador la deberá adaptar en cuanto a metros las distancias, los espacios e incluso en número de jugadores en algunos casos para tener un mejor desarrollo con su equipo.

Las tareas no tendrán límites de toques, contactos o golpeos para conseguir nuestro objetivo, ya que habrá jugadores que necesiten o decidan utilizar un número mayor por necesidades del juego, por condiciones técnicas o por condicionantes físicos de desarrollo. No obstante, al ser tareas abiertas, el entrenador podrá condicionarlas si lo cree necesario u oportuno para conseguir los beneficios pretendidos conociendo la realidad a la que las va a exponer.

CONCEPTOS DE
AMPLITUD Y PROFUNDIDAD
EN FÚTBOL

Los conceptos de amplitud y profundidad están estrechamente relacionados cuando se intenta atacar la portería contraria, aunque no necesariamente un equipo tiene que tener amplitud y profundidad. Los equipos pueden trabajar en amplitud para conseguir profundidad o colocar sus jugadores a distintas alturas (profundidades) para conseguir el retroceso del rival y percutir en sus líneas o en su disposición defensiva. Si un equipo es amplio y profundo los espacios o superficies donde se desarrollará el juego serán mayores y los beneficios de la profundidad y la amplitud se verán reforzados para conseguir los objetivos.

Una buena ocupación de los espacios cuando estamos en posesión del balón nos ayudará y será un recurso para crear o encontrar espacios libres y aprovecharlos en nuestra fase con balón.

La interpretación de los espacios para su aprovechamiento puede ser clave para el desarrollo de los partidos y para la consecución de un resultado favorable.

Tener una buena ocupación de los espacios no quiere decir que lo hagamos de manera equitativa para tener todos los espacios posibles cubiertos. Una buena ocupación de los espacios requiere un plan preestablecido para optar por lo que se considere importante en cada momento del juego porque, por ejemplo, hay momentos en los que se necesita una acumulación mayor de jugadores para desequilibrar al adversario o, simplemente, promover en él una ocupación que nos interese para el juego colectivo.

Una buena ocupación de los espacios requiere un plan preestablecido para optar por lo que se considere importante en cada momento del juego porque, por ejemplo, hay momentos en los que se necesita una acumulación mayor de jugadores para desequilibrar al adversario o, simplemente, promover en él una ocupación que nos interese para el juego colectivo.

Durante el proceso evolutivo de los jóvenes futbolistas, el desarrollo cognitivo se verá estrechamente relacionado con los espacios y su interpretación para que se produzca el aprendizaje.

Los principales condicionantes externos de la ocupación del espacio serán el rival y el balón y se necesitará correr riesgos mayores según el tiempo que quede de partido y el resultado del mismo.

Podríamos definir la amplitud con balón como la ocupación de los sectores exteriores del terreno de juego para alcanzar los objetivos planteados: percutir líneas rivales, progresar en el juego, llevar el balón de un espacio a otro, mantener la posesión del balón... Cuanto más cercanos estén los jugadores a la línea de banda mayor será la amplitud de la que disfrute su equipo para evolucionar en el juego.

Cada equipo, en esta interpretación de la amplitud atendiendo a los intereses y el juego del mismo, puede presentarla de diversas opciones: con los laterales, con los extremos, con los delanteros... pero lo que sí tiene que ser coincidente es que se realizará en ambas bandas para que sea efectiva y tenga sentido. Realizar un juego con amplitud en una sola banda hará carecer de sentido táctico el concepto.

Jugar con amplitud en el juego genera que haya jugadores alejados en horizontal del lugar donde se encuentre el balón.

También es un concepto sobre el que se apoya la posesión defensiva para inutilizar al rival en la necesidad de atacar, poder defender un resultado y que el adversario no pueda recuperar el balón para intentar hacer gol.

La profundidad con balón se puede definir como la capacidad de generar acciones que progresivamente nos permiten ir reduciendo espacio con respecto a la portería rival superando los adversarios y aproximando el balón y los jugadores a zonas de finalización.

Atendiendo a la definición propuesta, se puede apreciar cierta similitud entre profundidad y progresión en el juego.

La Escuela Nacional de Entrenadores define la progresión en el juego como *aquellas acciones que permiten llevar o enviar el balón hacia la portería contraria*. La principal diferencia entre la progresión en el juego y la profundidad es que en la profundidad están implicados el balón y los jugadores y la progresión sólo hace referencia al balón.

Cuando hablamos de "equipos largos" con balón no necesariamente estamos hablando de equipos profundos. Se puede ser largo por tener los delanteros muy distanciados de los defensores, pero no llegar con los jugadores y el balón a zonas de finalización. El desarrollo práctico del concepto está relacionado con que se atraviesen líneas rivales y no solo es un posicionamiento distanciado, aunque este posicionamiento largo será un facilitador de la profundidad, de la misma manera que lo es la amplitud como generador de espacios mayores.

Para jugar con profundidad en el juego, que haya jugadores alejados en vertical del lugar donde se encuentre el balón facilitará percutir líneas rivales o estructuras defensivas que serán el objetivo.

Cada equipo, en esta interpretación de la profundidad atendiendo a los intereses y al juego que desarrolle, puede presentarla de diversas opciones: con los centrocampistas, con los jugadores de banda, con los defensores, con los delanteros,...

El concepto de amplitud hace referencia, sobre todo, a la creación de espacios o superficies mayores para que se desarrolle el juego y el concepto de profundidad al aprovechamiento de manera vertical de los espacios generados.

Los equipos interpretan los espacios atendiendo a la visión que muestre del juego el entrenador y la capacidad de los jugadores. La ocupación de los espacios estará encorsetada por el esquema del que parte el equipo en el comienzo del juego, pero el jugador o el entrenador podrán modificarlo a partir de una interpretación personal, motivada por la evolución que ofrece el partido y las circunstancias que lo rodean, para conseguir un desarrollo favorable.

Los espacios y el tiempo son variantes que manejamos los entrenadores para condicionar las tareas de entrenamiento ya que darán un valor añadido a la misma. Por tanto, estamos condicionando constantemente los espacios en nuestros entrenamientos para conseguir el resultado adecuado en el proceso de aprendizaje-enseñanza (en ese orden porque, si no se produce un aprendizaje, no habrá habido enseñanza alguna). Jugar con una amplitud de espacios mayor favorecerá el juego del equipo poseedor del balón en la situación en que se encuentre, no solo para reaccionar ante estímulos, sino para facilitar la ejecución de la respuesta.

Cuando un equipo tiene el balón es aconsejable que el juego se desarrolle sobre superficies mayores porque:

- Genera incertidumbre al rival teniendo una mayor superficie que controlar.
- Obliga a una mayor visión periférica.
- Somete a una tensión defensiva mayor.
- Permite espacios mayores sobre los que tener influencia.
- Mayores espacios para desarrollar las acciones.
- Provoca más cambios de perfiles en los defensores.
- Genera pasillos interiores en el rival.
- El rival bascula en cualquier movimiento del balón.
- Posibilita espacio entre líneas.
- Divide a jugadores rivales más alejados.
- Genera mayor incertidumbre en las marcas.
- Fija rivales alejados para que no participen en defensa.
- Tiene como consecuencia superioridades numéricas.
- Favorece el juego interior.
- Obtiene ventajas en tiempo y espacio con el balón.

Tener una buena amplitud para poder desarrollar un contraataque será beneficioso para poder adquirir la profundidad necesaria en la jugada e intentar que el equipo contrario no logre organizarse defensivamente y pueda aprovechar los espacios. La amplitud y la profundidad serán facilitadores para realizar un contraataque.

La amplitud y la profundidad son importantes desarrollarlas cuanto antes en la fase en la que el equipo tiene el balón. Algo que identifica a los equipos que ya han pasado a su fase con balón de ataque organizado es que han conseguido colocarse en amplitud, aprovechando todo el ancho o la amplitud que sea necesaria para el desarrollo de su juego y se irá desarrollando esta fase o momento conforme lleve a cabo la profundidad en el juego si el objetivo es atacar la portería contraria.

El mayor inconveniente de la amplitud y la profundidad reside en que, cuando nuestro equipo está posicionado en amplitud y progresa en el juego con profundidad, existen espacios y pasillos interiores que pueden ser aprovechados por el rival en caso de pérdida. Para ello es importante tener en cuenta este aspecto y tener jugadores cercanos al balón para "viajar juntos", tener mayores opciones para no perder el balón y la posibilidad de recuperar lo más rápido posible o retrasar el ataque del contrario no dejándolo evolucionar.

El juego de posición se abastece de la amplitud y la profundidad para poder generar las ventajas necesarias y superar al contrario.

Hay entrenadores que, para manejar estos conceptos con soltura dentro de sus equipos, solo lo aplican a situaciones en campo contrario, o no los manejan de manera conjunta e irán desarrollando esa amplitud conforme el equipo avance posiciones en el campo con el fin de no verse sorprendidos en caso de pérdida. Cada entrenador establece en su equipo los principios y la importancia que les va a conceder durante el desarrollo del juego.

El intercambio de posiciones en amplitud será un elemento que alterará el orden defensivo, ayudará a que los espacios sean mejor aprovechados por los jugadores durante el desarrollo del juego y se podrá profundizar

Los estímulos e indicadores para poner en marcha los conceptos de amplitud y profundidad con balón serán estímulos e indicadores propios del juego para identificarlos en cada momento. Realizar un pase, conducir o cambiar de zona después de un estímulo auditivo (voz del entrenador, silbato...) o cualquier otro que no tenga que ver con lo que pueda pasar en un partido (mostrar un color, aviso del entrenador o de un compañero,...) nos ayudarán a realizar las tareas, pero no a utilizar con la destreza específica los medios o principios de amplitud y profundidad con balón y a desarrollar el aprendizaje en el jugador; con lo cual, los estímulos, indicadores o recursos utilizados tendrán transferencia al juego y podrán ser adaptados por el entrenador atendiendo a la realidad a la que los vaya a exponer.

SIMBOLOGÍA

Jugadores/as Equipo A	
Jugadores/as Equipo B	
Jugadores/as Equipo C	
Desplazamiento sin balón	
Control orientado	
Desplazamiento del balón	
Conducción del balón	
Desplazamiento del balón por alto	
Tiro a puerta	
Balón	

-17-

ENTRENAMIENTO CONJUNTO DE AMPLITUD Y PROFUNDIDAD
EN FÚTBOL

50

TAREAS PARA SU ENTRENAMIENTO

Tarea N° 1	Objetivo Principal	Mejora de la amplitud y de la profundidad
	Jugadores	11 (4x4+3C)

Explicación

Los jugadores distribuidos como en la imagen. El equipo poseedor (blanco) colocado como en la imagen y con dos comodines en amplitud y uno por el centro intentará mantener el balón haciéndolo llegar a los dos jugadores que se encuentran en los otros lados del cuadrado. El otro equipo (negro) sobre las líneas divisorias intentará interceptar el balón desde ellas. Cada vez que consigan llevarlo se anotarán un punto no pudiendo llevarlo dos veces seguidas al mismo lado Si recupera el equipo negro jugará en amplitud con los comodines y cambiará el rol y las posiciones con el equipo blanco.

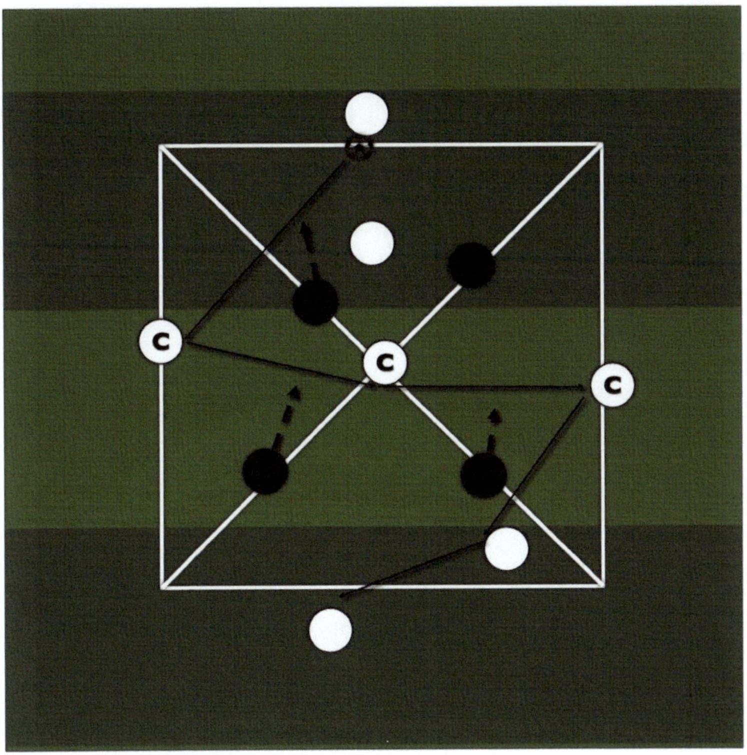

Tarea N° 2	Objetivo Principal	Mejora de la amplitud y de la profundidad
	Jugadores	11 (P+4x4+2C)

Explicación

Los jugadores distribuidos como en la imagen. El equipo poseedor (blanco) colocado como en la imagen y con dos comodines en amplitud intentará profundizar hasta la portería contraria superando a los jugadores del otro equipo (negro). El equipo negro sobre las líneas divisorias intentará interceptar el balón desde ellas. Cada vez que consigan pasar al jugador de la zona del portero intentarán finalizar con la incorporación del jugador del centro. Si recupera el equipo negro jugará en amplitud con los comodines y cambiará el rol y las posiciones con el equipo blanco.

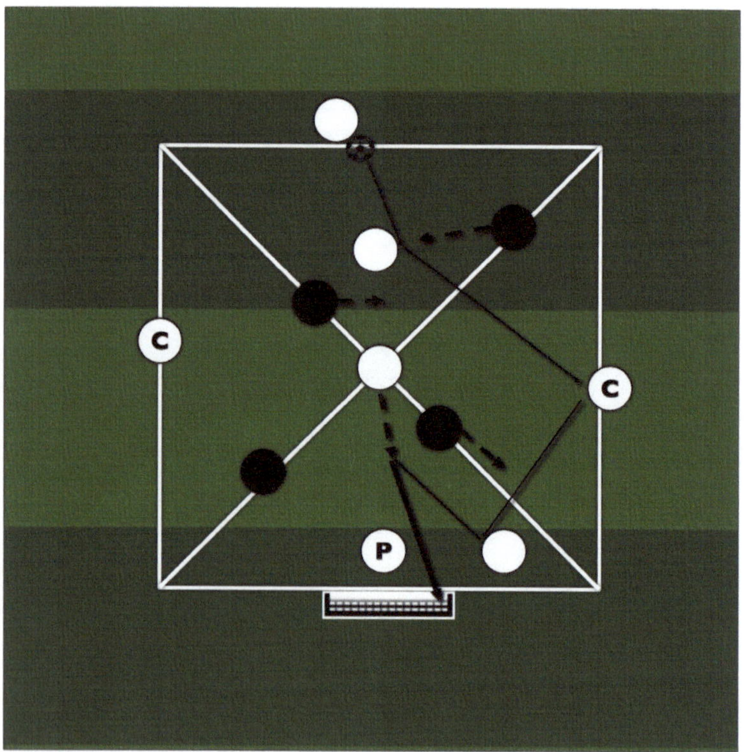

Tarea N° 3	Objetivo Principal	Mejora de la amplitud y de la profundidad
	Jugadores	11 (P+4x4+2C)

Explicación

Los jugadores distribuidos como en la imagen (uno de cada equipo en cada zona). El equipo poseedor (blanco) intentará profundizar hasta la portería contraria superando a los jugadores del otro equipo (negro) para finalizar. El equipo negro intentará robar el balón el balón. Si recupera el equipo negro jugará en amplitud con los comodines y cambiará el rol con el equipo blanco.

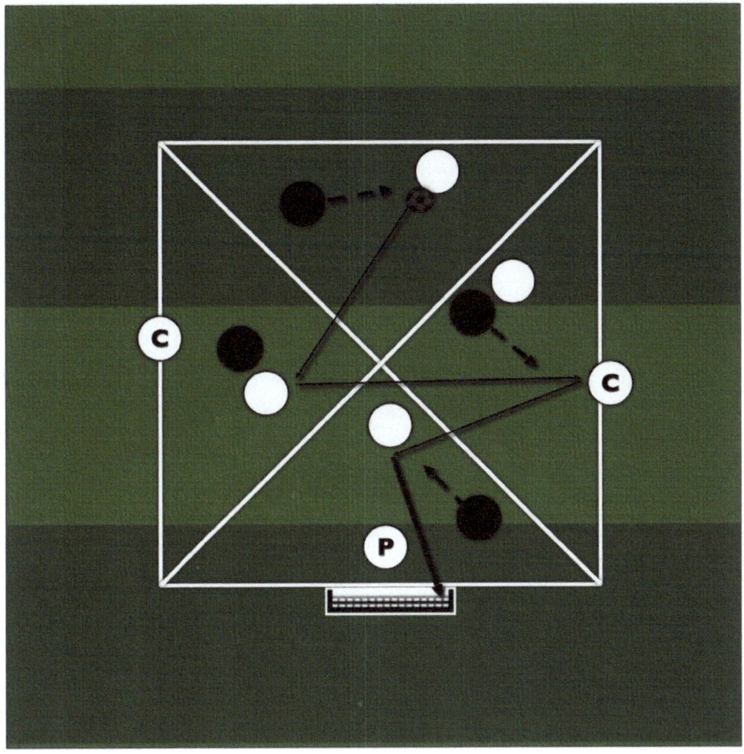

Tarea N° 4	Objetivo Principal	Mejora de la amplitud y de la profundidad
	Jugadores	9 (P+3x3+2C)

Explicación

En un cuadrado dividido en dos triángulos (como en la imagen). El equipo poseedor intentará jugar con uno de los comodines en amplitud para que pase en profundidad al otro triángulo y poder tirar a portería. Si el rival recupera el balón cambian los roles y podrá jugar con los comodines para atacar la portería.

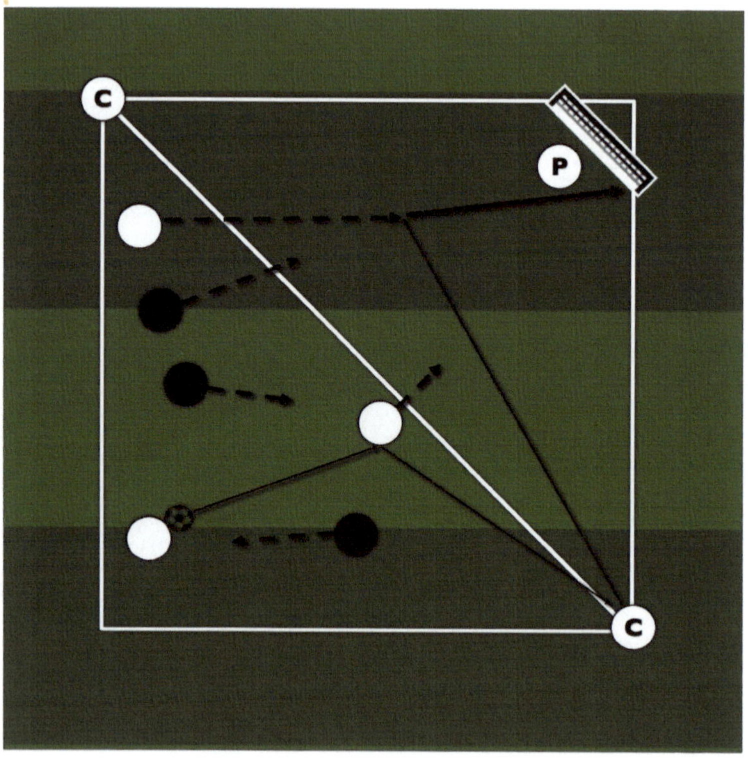

Tarea N° 5	Objetivo Principal	Mejora de la amplitud y de la profundidad
	Jugadores	6 (1+2x2+P)

Explicación

Los jugadores distribuidos como en la imagen. El jugador del centro pasará con los jugadores en amplitud y cuando los jugadores del otro equipo entren presionar pasarán al compañero del centro en profundidad para finalizar.

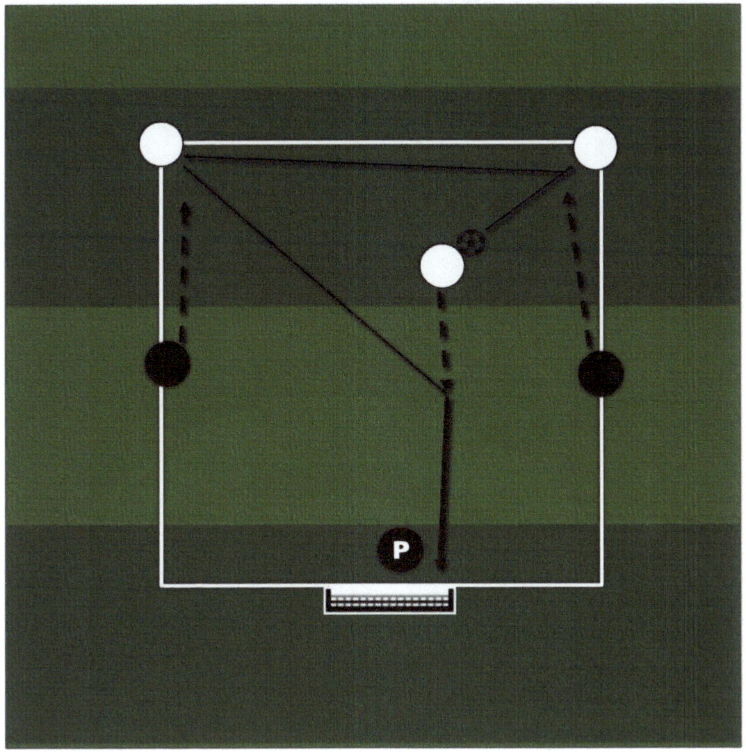

Tarea N° 6	Objetivo Principal	Mejora de la amplitud y de la profundidad
	Jugadores	9 (P+3x3+2)

Explicación

Los jugadores distribuidos como en la imagen. El jugador del centro pasará con los jugadores alejados de la portería en amplitud y cuando los jugadores del otro quipo entren a presionar pasarán a alguno de los jugadores que están tras la línea de fondo para profundizar en el ataque, incorporarse y finalizar.

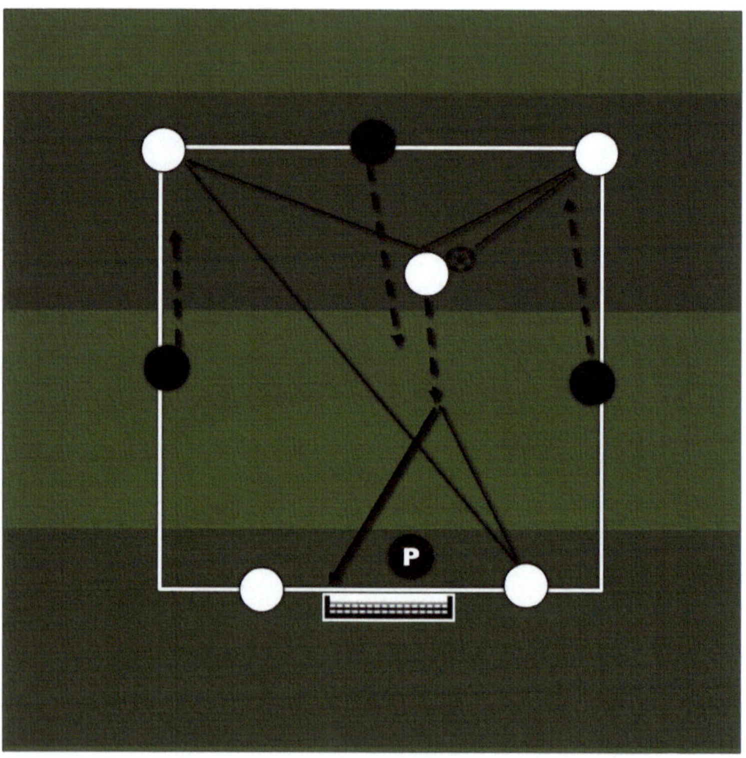

Tarea N° 7	Objetivo Principal	Mejora de la amplitud y de la profundidad
	Jugadores	8 (4x3+P)

Explicación

Los jugadores distribuidos como en la imagen. Los 2 jugadores del centro se pasan el balón hasta que salen a presionar los jugadores rivales y atacan en profundidad aprovechando la amplitud de los compañeros que se incorporan al ataque.

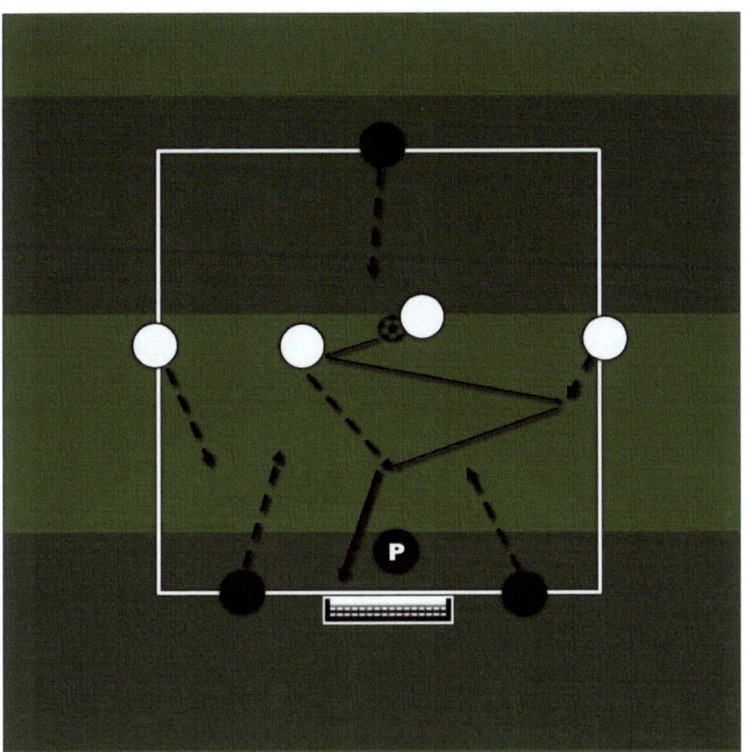

Tarea N° 8	Objetivo Principal	Mejora de la amplitud y de la profundidad
	Jugadores	8 (4x3+P)

Explicación

Los jugadores distribuidos como en la imagen. Los 2 jugadores del centro se pasan el balón entre ellos hasta que salen a presionar los jugadores rivales y atacan en profundidad aprovechando la amplitud de los compañeros que se incorporan al ataque por las bandas.

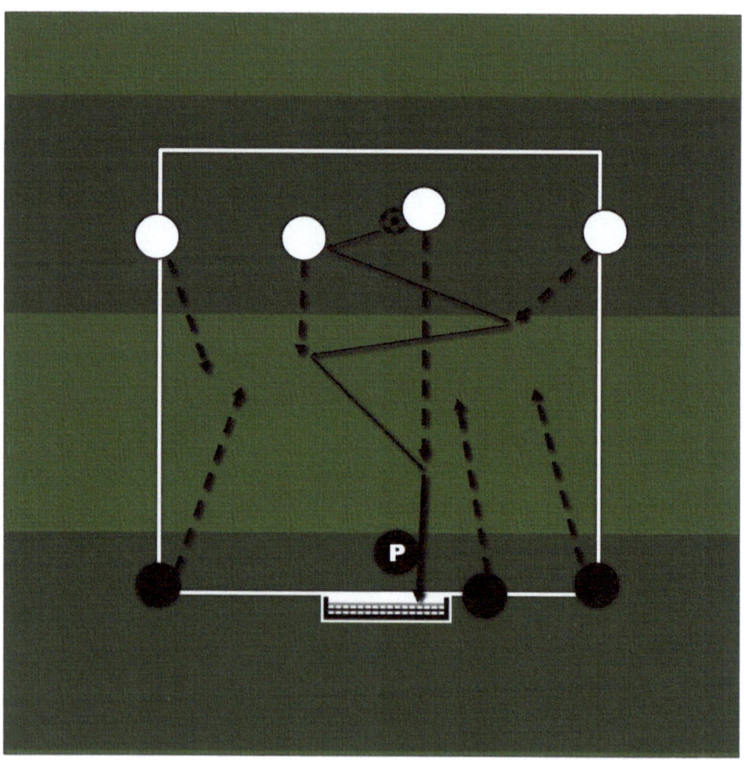

Tarea Nº 9	Objetivo Principal	Mejora de la amplitud y de la profundidad
	Jugadores	15 (P+6x6+2C)

Explicación

En un rectángulo dividido en tres campos iguales, los equipos se colocarán en la disposición de la imagen. Sólo podrán pasar a la zona los jugadores del equipo con balón (blanco) . El equipo blanco profundizará en ataque con la ayuda de los comodines situados en amplitud para atacar la portería.

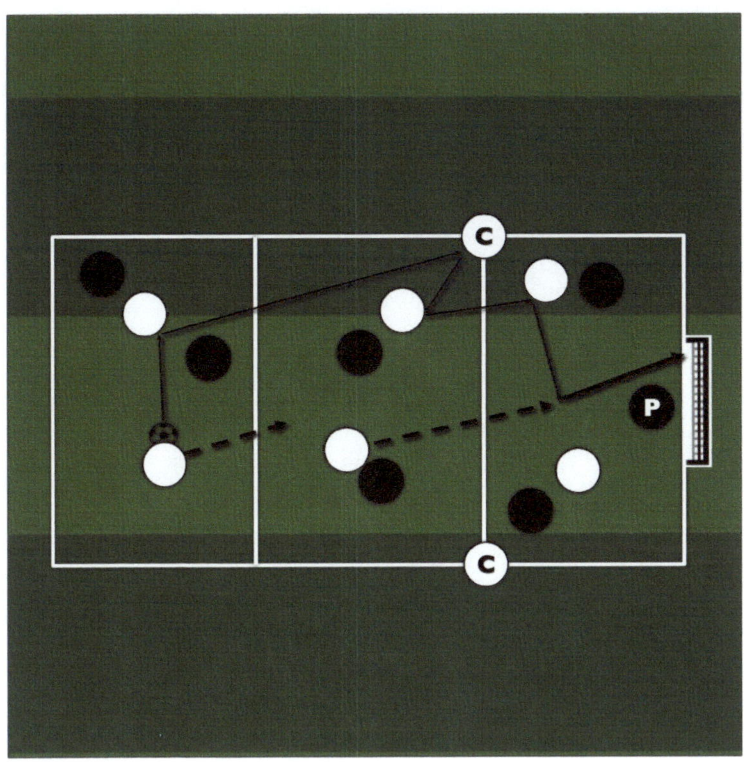

Tarea Nº 10	Objetivo Principal	Mejora de la amplitud y de la profundidad
	Jugadores	14 (P+1+5x4+C+2)

Explicación

En un rectángulo dividido como en la imagen, los equipos se distribuirán en la disposición de la imagen. El equipo blanco intentará profundizar en ataque con la ayuda del comodín jugando con los jugadores de las esquinas en amplitud y el jugador sobre la línea intentará evitar que lo hagan. Si el equipo negro recupera cambiarán los roles y la disposición.

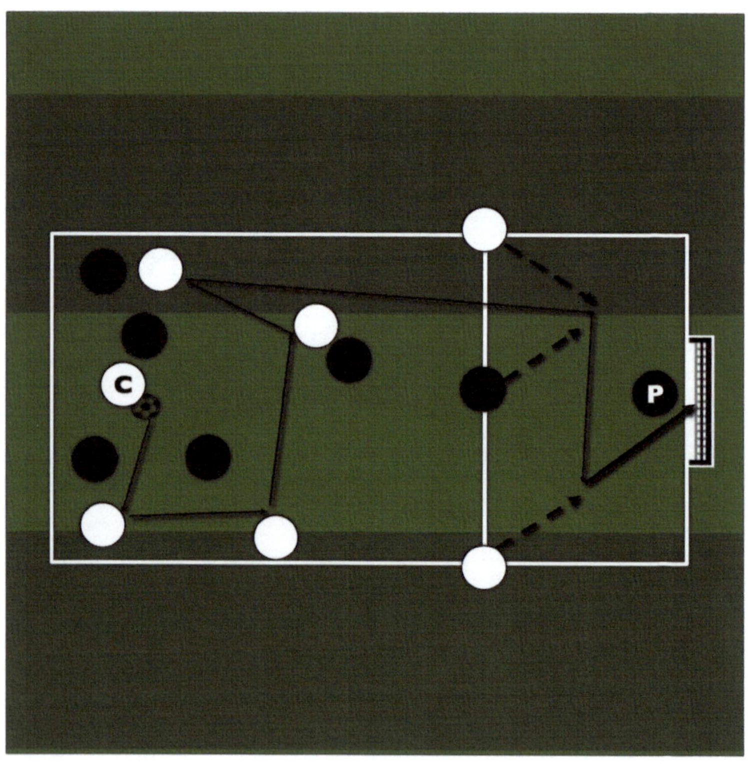

Tarea Nº 11	Objetivo Principal	Mejora de la amplitud y de la profundidad
	Jugadores	14 (P+1+4x4+1+3C)

Explicación

En un rectángulo dividido como en la imagen, los equipos se colocarán en la disposición de la imagen. El equipo con balón intentará profundizar en ataque con la ayuda de los comodines (uno por dentro y 2 en amplitud sobre la línea) jugando con el jugador de la línea y el jugador sobre la línea del equipo rival intentará evitar que lo hagan. Si el otro equipo recupera cambiarán los roles y podrá jugar con los comodines para tener amplitud y profundidad y jugar con el jugador que está sobre la línea.

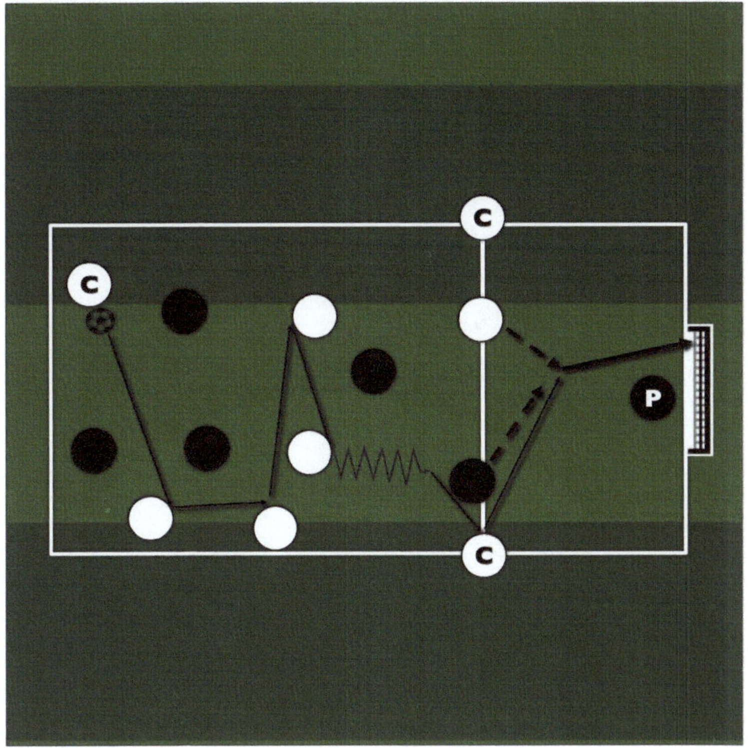

Tarea N° 12	Objetivo Principal	Mejora de la amplitud y de la profundidad
	Jugadores	11 (P+4x4+2C)

Explicación

En un rectángulo dividido en dos cuadrados, los jugadores se colocan en la disposición de la imagen. El equipo que tiene el balón (blanco) colocado en amplitud dentro del cuadrado alejado de la portería apoyado por un comodín intentará atraer al otro equipo (negro). El equipo negro entrará a presionar y el equipo blanco intentará jugar con el otro comodín para profundizar en el ataque cuando le presionen incorporando jugadores al otro cuadrado. Si recupera el equipo negro cambiarán los roles.

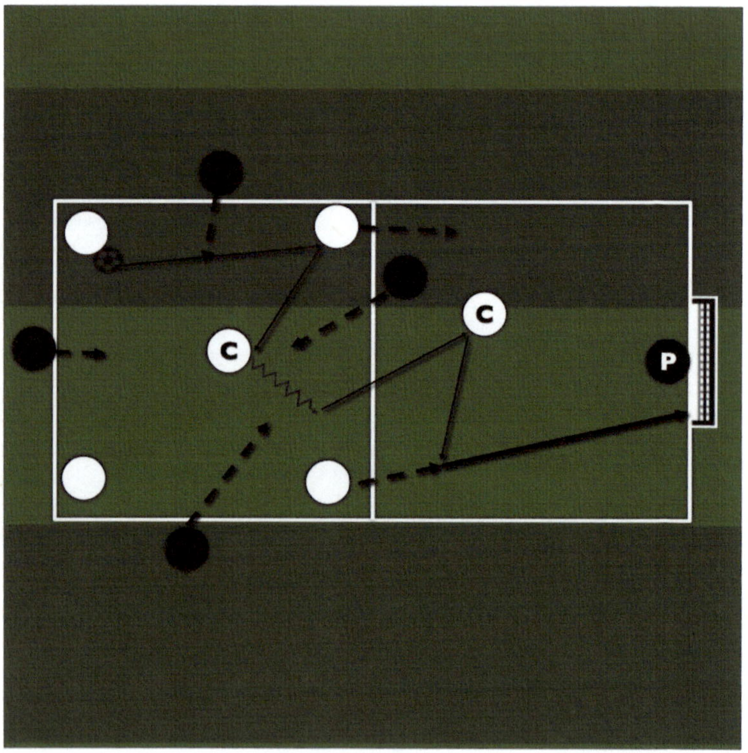

Tarea N° 13	Objetivo Principal	Mejora de la amplitud y de la profundidad
	Jugadores	8 (P+3x3+C)

Explicación

En un rectángulo dividido en dos cuadrados, los jugadores se colocan en la disposición de la imagen. El equipo que tiene el balón (blanco) intentará atraer apoyado por el comodín en el cuadrado alejado de la portería al otro equipo (negro) que estará sobre la línea. Todos los jugadores del equipo negro entrarán a presionar y el equipo blanco intentará profundizar en ataque con uno de los jugadores en amplitud. Si recupera el balón el equipo negro cambiarán los roles.

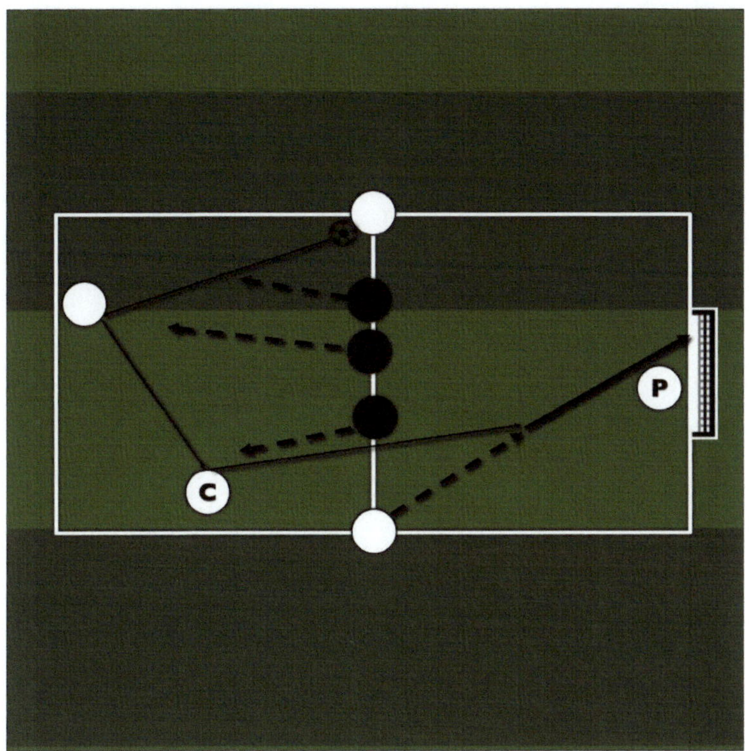

Tarea N° 14	Objetivo Principal	Mejora de la amplitud y de la profundidad
	Jugadores	10 (P+4x4+C)

Explicación

En un rectángulo dividido en dos cuadrados los jugadores se colocan en la disposición de la imagen. El equipo que tiene el balón (blanco) intentará atraer apoyado por el comodín en el cuadrado alejado de la portería al otro equipo (negro) que estará sobre la línea. Todos los jugadores del equipo negro entrarán a presionar menos uno que replegará y el equipo blanco intentará profundizar en ataque con los dos jugadores en amplitud. Si recupera el balón el equipo negro cambiarán los roles y podrán apoyarse en el comodín para atraer al equipo blanco.

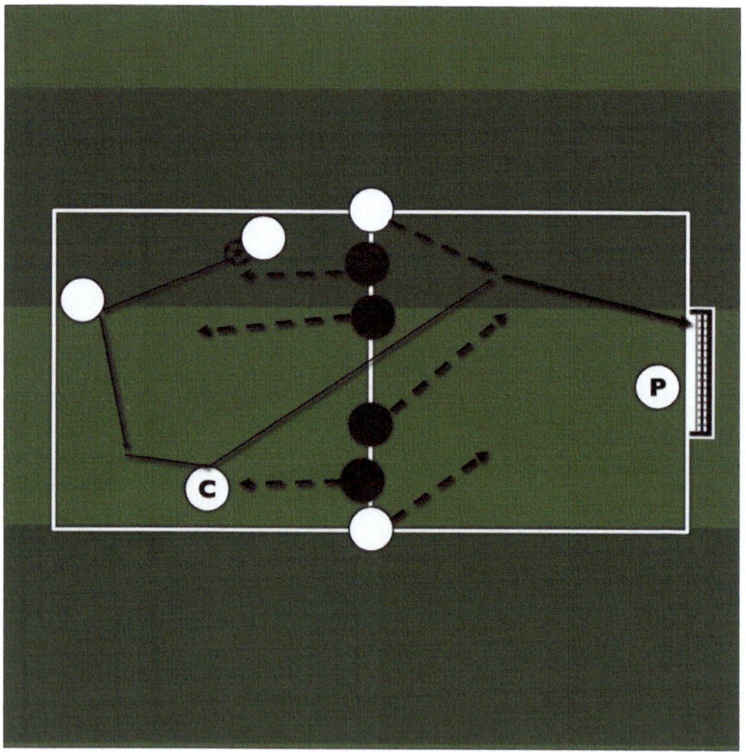

Tarea N° 15	Objetivo Principal	Mejora de la amplitud y de la profundidad
	Jugadores	9 (P+3x3+2C)

Explicación

En un trapecio en el que el lado mas pequeño viene delimitado por la portería. Juegan 3 contra tres con una portería y dos comodines en los laterales. El gol solo vale de pase de uno de los dos comodines que se situarán amplitud y profundidad para que puedan avanzar hacia la portería el equipo con balón.

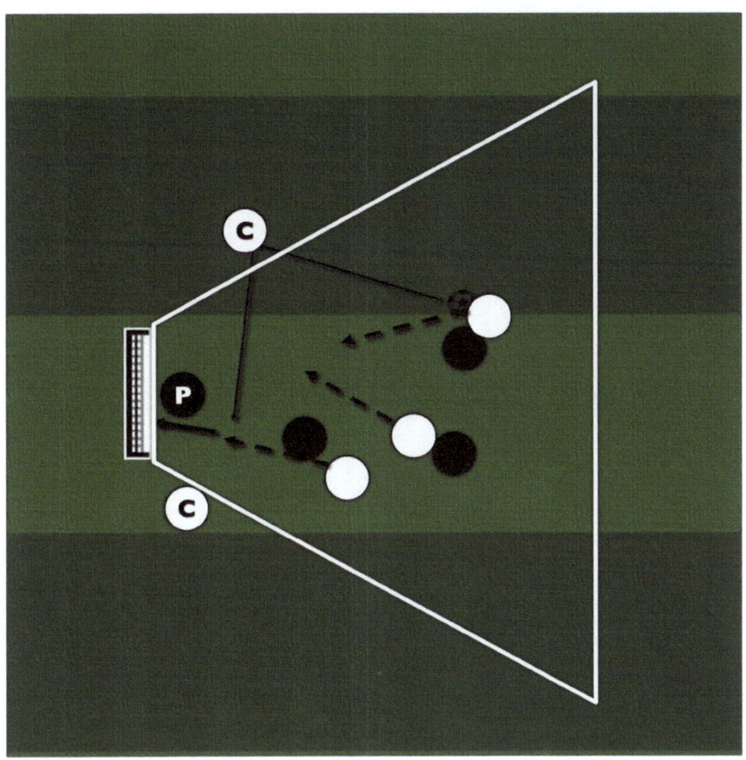

Tarea N° 16	Objetivo Principal	Mejora de la amplitud y de la profundidad
	Jugadores	12

Explicación

En un rectángulo dividido y distribuidos los jugadores como en la imagen. Los jugadores del equipo blanco tendrán que ir profundizando en el juego y avanzando hacia la portería sin salirse de su pasillo. Cuando avancen, los dos jugadores del equipo negro solo podrán ocupar dos zonas para recuperar el balón. Los jugadores del equipo blanco intentarán profundizar en amplitud jugando con el compañero que esté libre en su pasillo. En la última zona finalizarán.

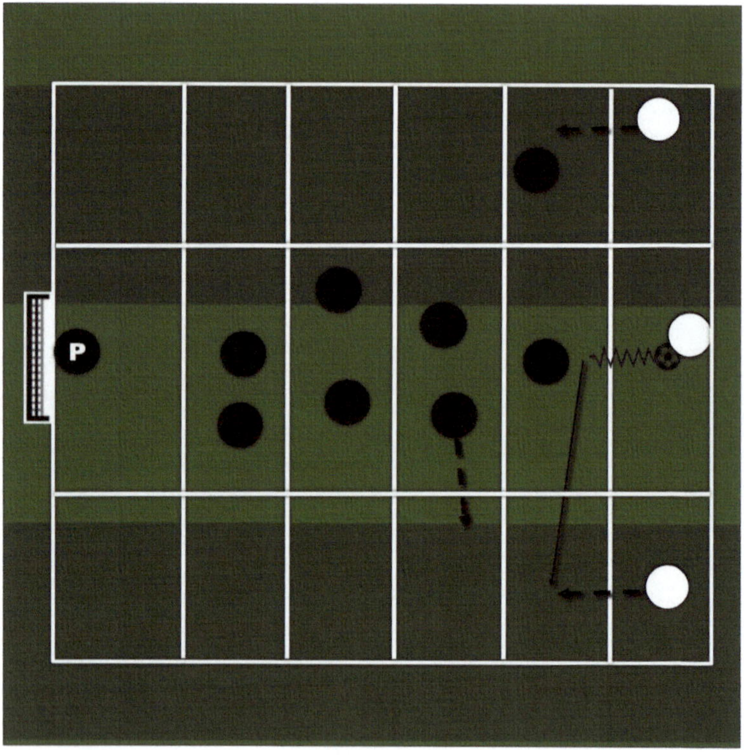

Tarea N° 17	Objetivo Principal	Mejora de la amplitud y de la profundidad
	Jugadores	11

Explicación

Los jugadores se distribuyen como en la imagen. El equipo blanco intentará con una línea de 4 que el balón no llegue a los delanteros, que intentarán recibir por detrás de ella para finalizar. Los jugadores del equipo negro se distribuirán en amplitud para provocar los espacios. Cuando pasen a los jugadores adelantados se incorporarán jugadores al ataque y serán presionados en el tiro por los jugadores superados de la línea defensiva.

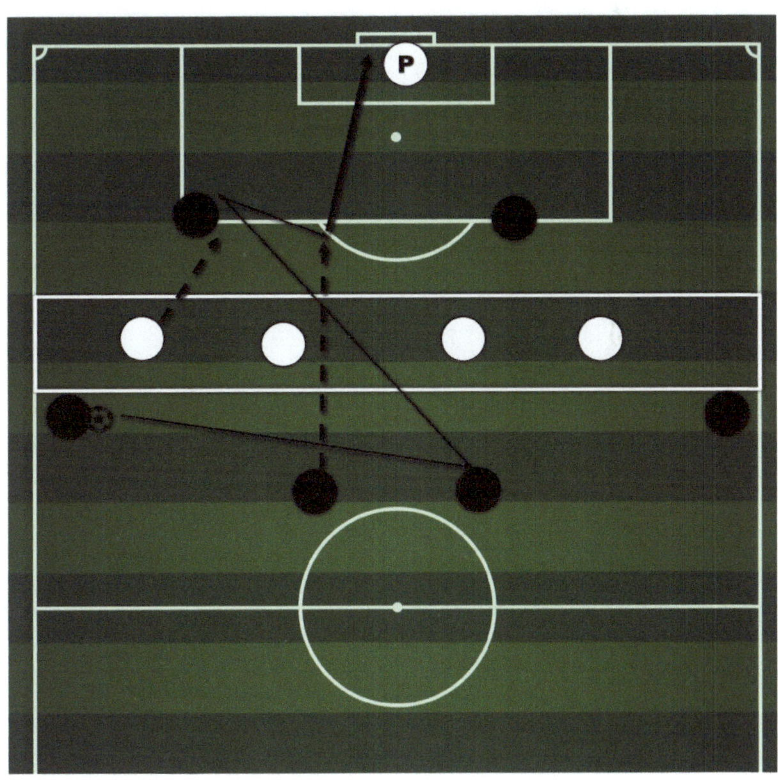

Tarea Nº 18	Objetivo Principal	Mejora de la amplitud y de la profundidad
	Jugadores	11 (2C+3x4+P)

Explicación

Los jugadores se distribuyen como en la imagen. El equipo negro intentará atravesar conduciendo la línea defensiva del equipo blanco, apoyado por los dos comodines en amplitud que también lo podrán hacer. Una vez que superen la línea intentarán hacer gol presionados por los jugadores sobrepasados de la línea.

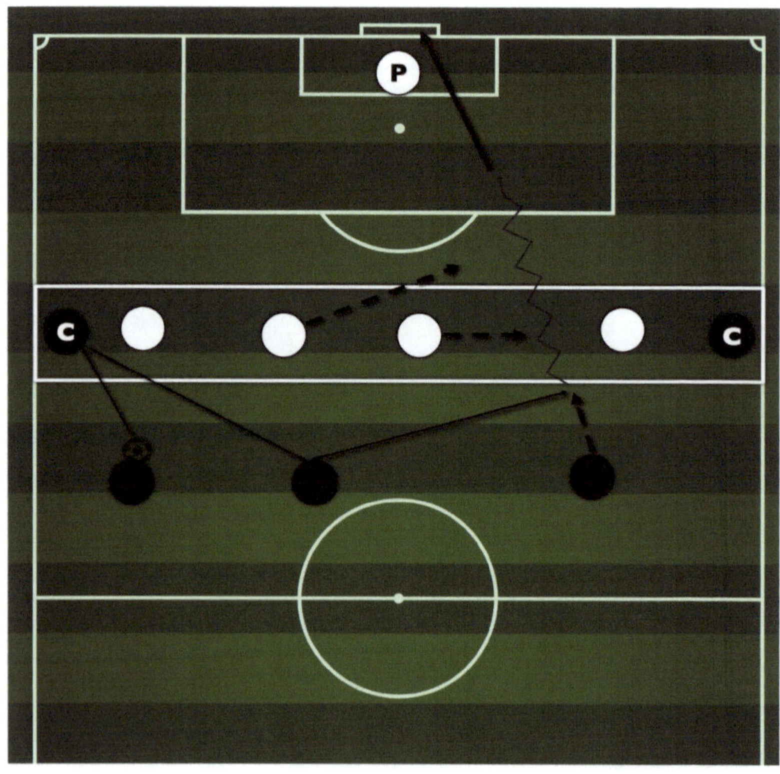

Tarea N° 19	Objetivo Principal	Mejora de la amplitud y de la profundidad
	Jugadores	13 (6x6+P)

Explicación

Los jugadores se distribuyen como en la imagen. El equipo negro intentará desbordar la línea defensiva con dos jugadores por delante del equipo blanco, con amplitud y un jugador entre la línea. Una vez que superen la línea intentarán hacer gol presionados por los jugadores sobrepasados de la línea.

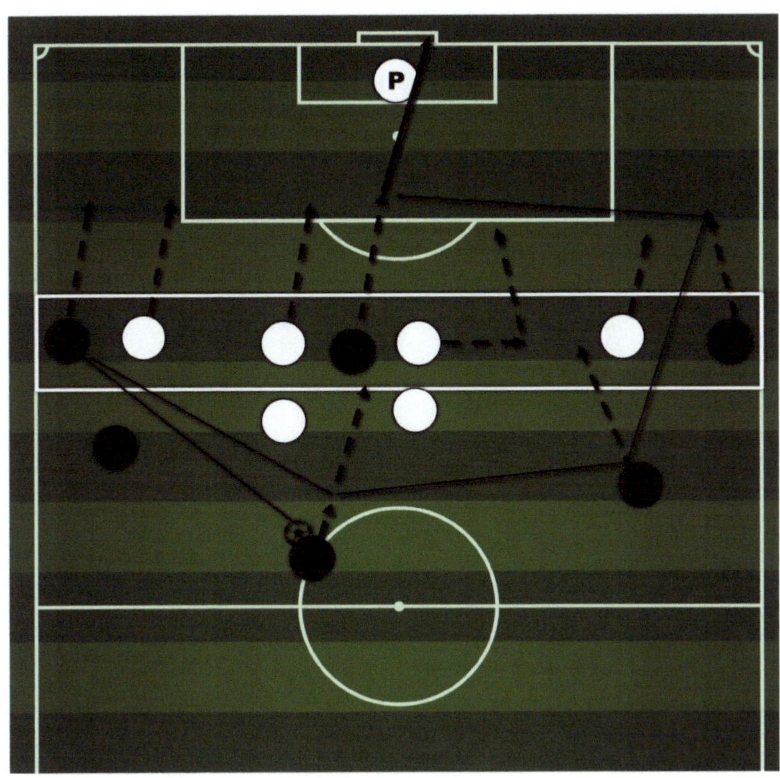

Tarea N° 20	Objetivo Principal	Mejora de la amplitud y de la profundidad
	Jugadores	10 (2C+3x4+P)

Explicación

Los jugadores se distribuyen como en la imagen. El equipo blanco intentará con una línea de 4 que el balón no llegue a los comodines en amplitud, que intentarán recibir por detrás de ella para finalizar el ataque. Cuando el balón supere la línea todos los jugadores participarán en el ataque.

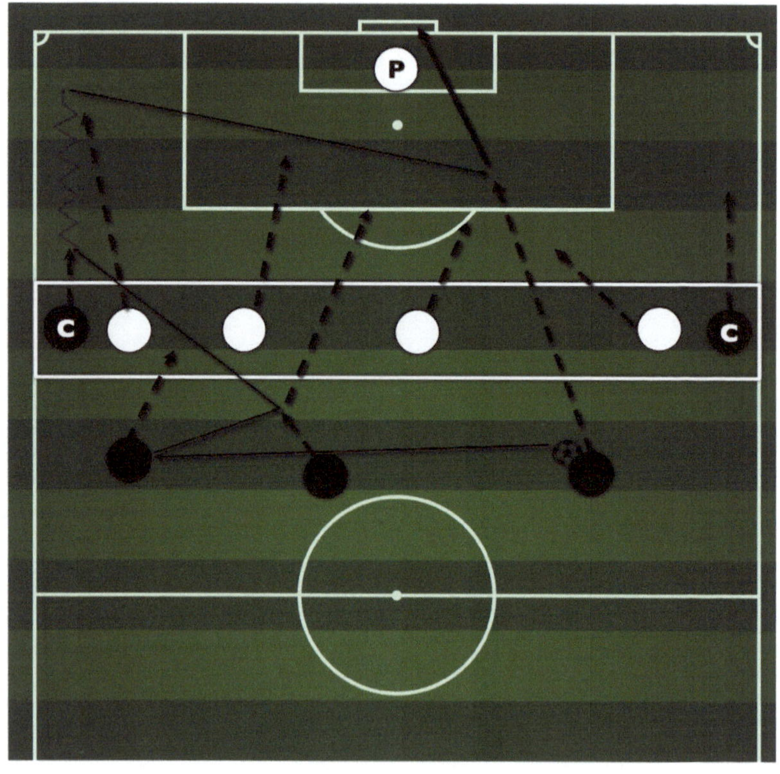

Tarea N° 21	Objetivo Principal	Mejora de la amplitud y de la profundidad
	Jugadores	14 (7x6+P)

Explicación

Los jugadores se distribuyen como en la imagen. El equipo negro intentará desbordar la línea defensiva de seis jugadores con amplitud y circulando el balón. Una vez que superen la línea intentarán hacer gol presionados por los jugadores sobrepasados de la línea.

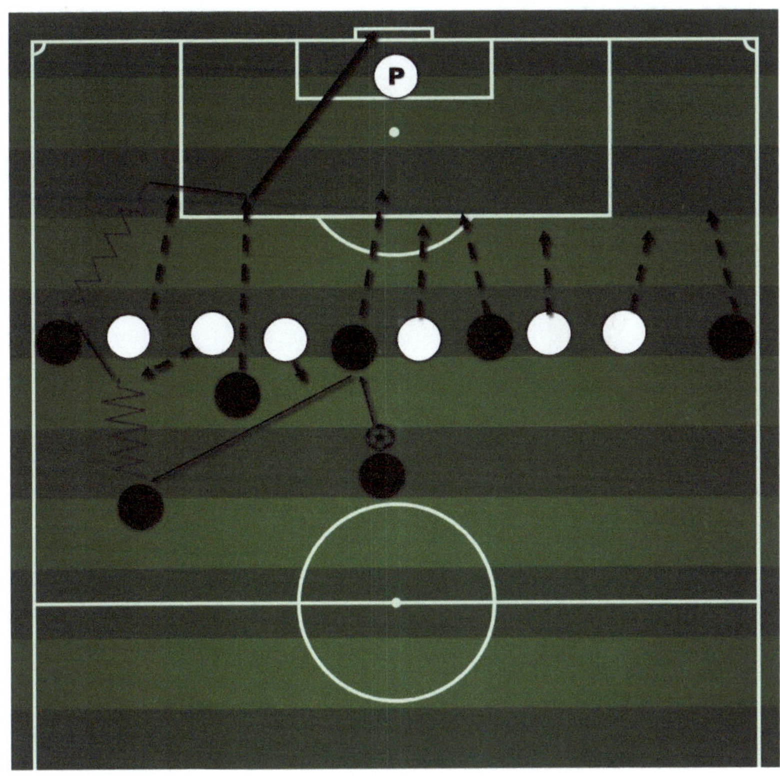

Tarea N° 22	Objetivo Principal	Mejora de la amplitud y de la profundidad
	Jugadores	10 (1+4x4+P)

Explicación

Los jugadores se distribuyen como en la imagen. El equipo blanco intentará con una línea de 4 que el balón no llegue a los delanteros, que intentarán recibir por detrás de ella. El equipo negro se colocará siempre en amplitud y cada vez que reciba el jugador adelantado devolverá el balón para ir profundizando en las zonas para llegar a la portería, menos en la última que finalizará en la portería.

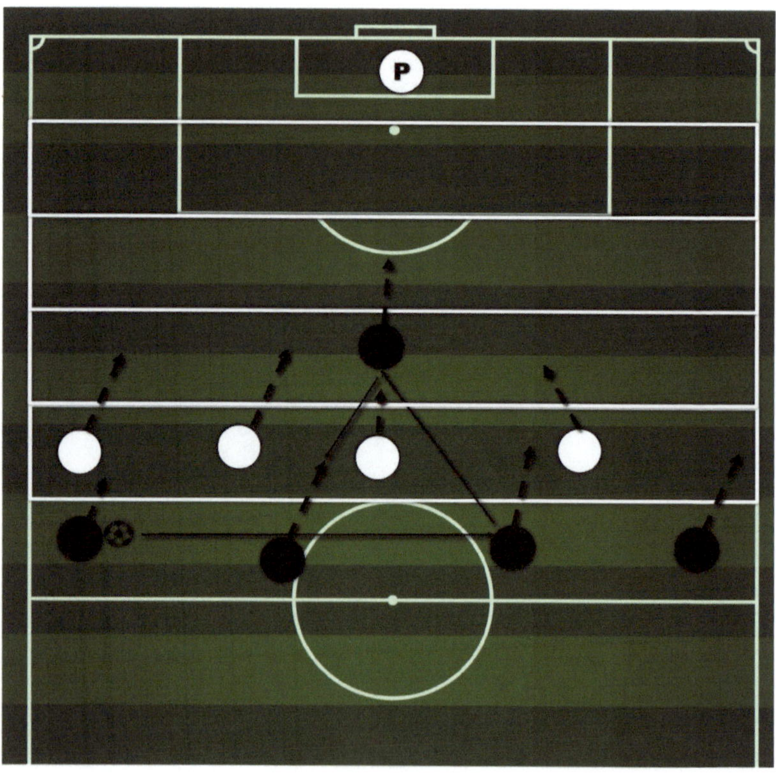

Tarea N° 23	Objetivo Principal	Mejora de la amplitud y de la profundidad
	Jugadores	13 (3x3+2x4+P)

Explicación

Los jugadores se distribuyen como en la imagen. Juegan 3 jugadores (equipo negro) en un cuadrado provocando que entren a presionar los jugadores del otro equipo (blanco). Cuando entran a presionar, los jugadores del equipo negro pasan al jugador que está en amplitud, salen para atacar y todo el equipo negro atacará la portería que defienden cuatro jugadores del equipo blanco y el portero.

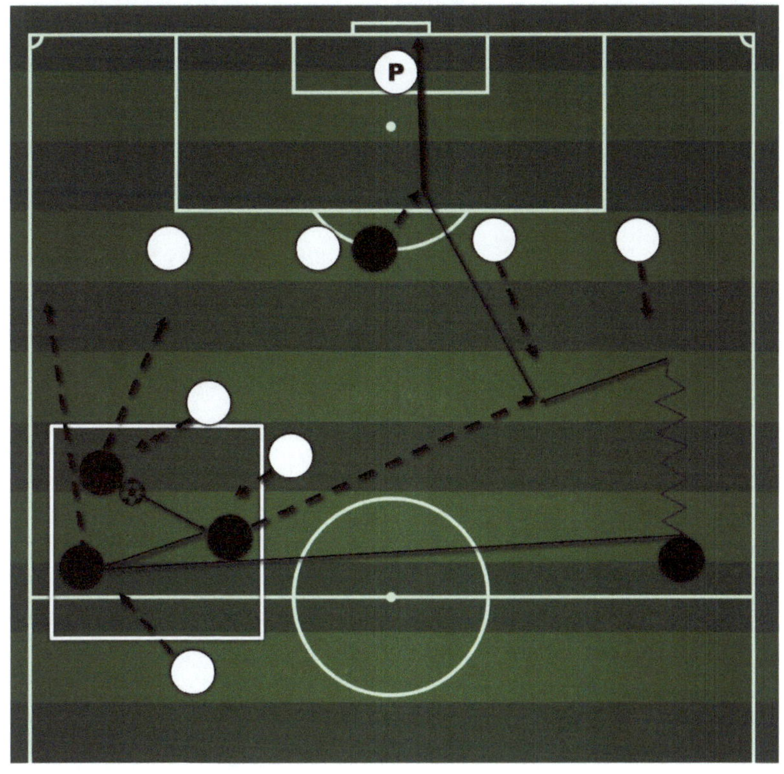

Tarea N° 24	Objetivo Principal	Mejora de la amplitud y de la profundidad
	Jugadores	15 (2C+3x3+3+3+P)

Explicación

Con el campo distribuido como en la imagen y los jugadores del equipo negro sobre las líneas. El equipo blanco irá atravesando líneas de una en una aprovechando la amplitud de los comodines. Los jugadores sobre las líneas solo podrán interceptar los pases para que no avance el otro equipo. Cada vez que pasen una línea saldrán los rivales sobrepasados, menos en la última que podrán presionar para que no finalicen.

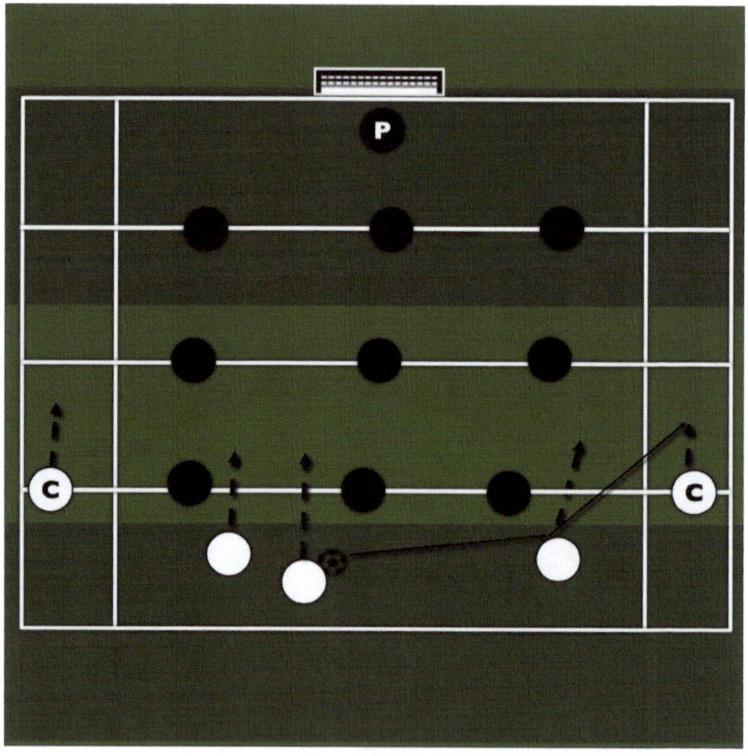

Tarea N° 25	Objetivo Principal	Mejora de la amplitud y de la profundidad
	Jugadores	8

Explicación

Los jugadores distribuidos como en la imagen. Los dos jugadores del centro tienen el balón para atraer a los dos jugadores rivales que irán a presionarles. Cuando vayan a la presión podrán jugar en profundidad con uno de los compañeros que están en amplitud en las esquinas para profundizar y atacar una de las porterías.

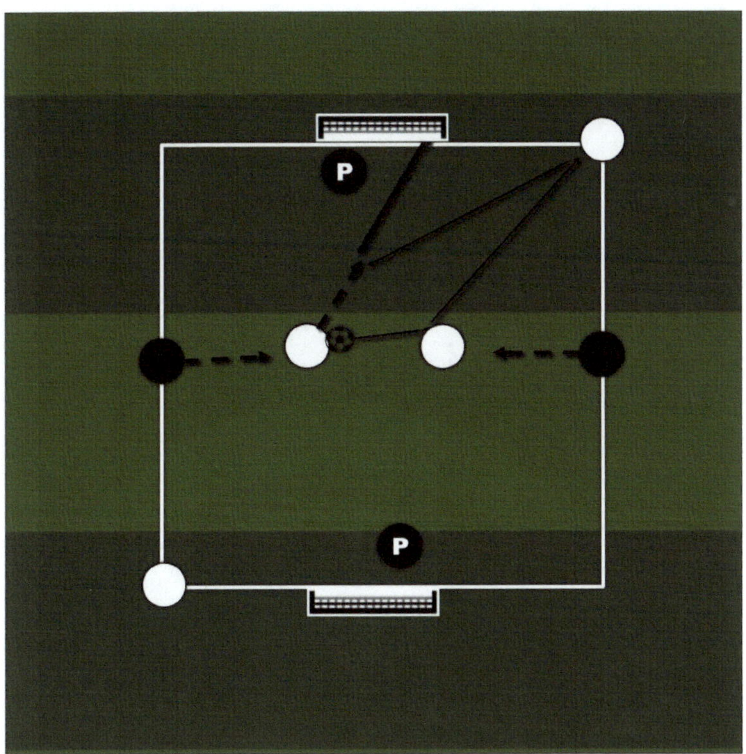

Tarea N° 26	Objetivo Principal	Mejora de la amplitud y de la profundidad
	Jugadores	10 (P+3x3+P+2C)

Explicación

En un cuadrado dividido en dos triángulos (como en la imagen). El equipo poseedor intentará apoyado por los comodines en amplitud atacar la portería contraria. Si el rival recupera el balón cambian los roles y podrá jugar con los comodines para atacar.

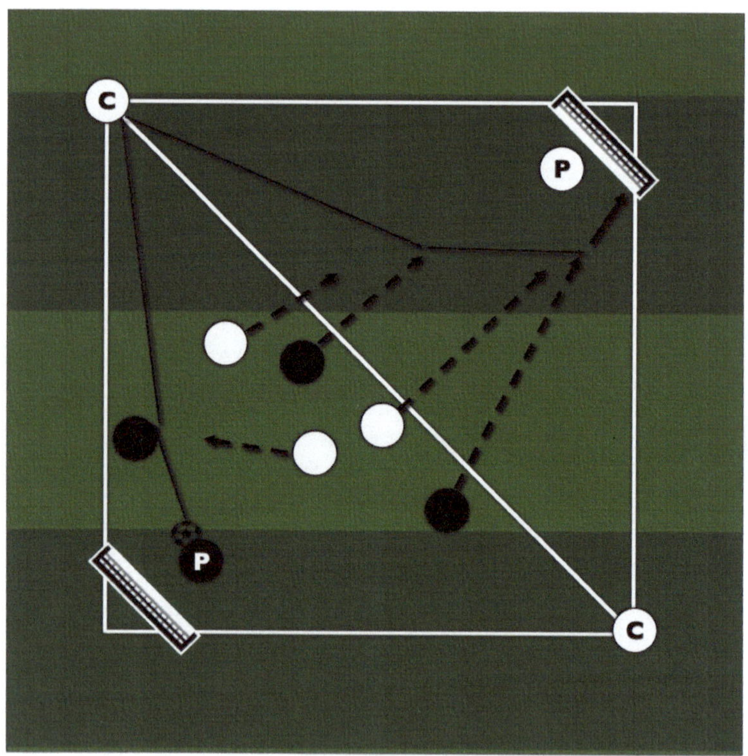

Tarea N° 27	Objetivo Principal	Mejora de la amplitud y de la profundidad
	Jugadores	10 (1+P+3x4+P)

Explicación

En un cuadrado dividido en dos partes con dos porterías y porteros, dejando el equipo con balón solo un jugador en una mitad. Los equipos intentarán atraer a los rivales (que presionarán al balón) a una mitad de campo, pasarán al compañero libre que está en amplitud y atacarán rápido hacia la portería cuando todos los rivales hayan pasado la mitad. Si un equipo recupera cambia el rol con el otro equipo.

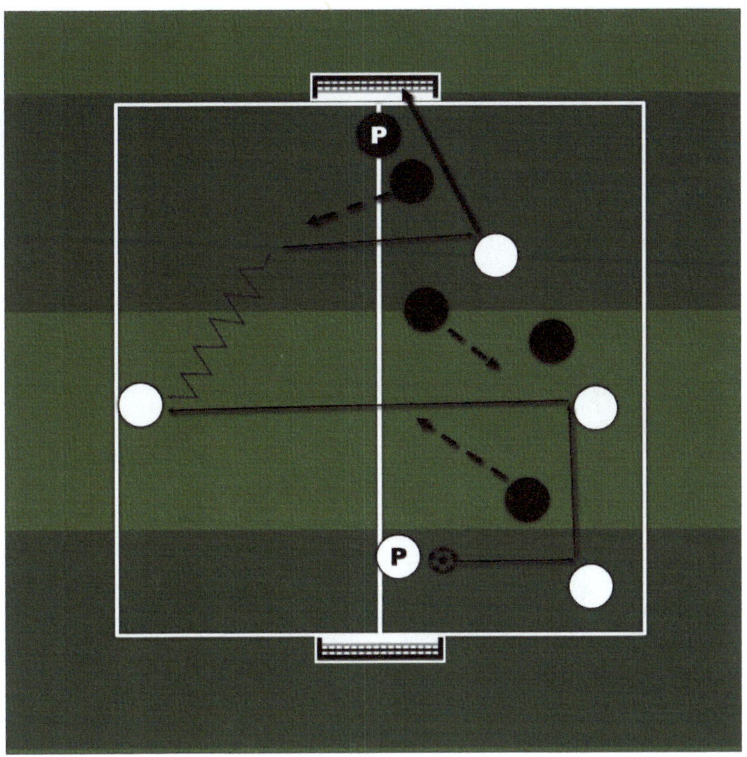

Tarea N° 28	Objetivo Principal	Mejora de la amplitud y de la profundidad
	Jugadores	16 (P+6x6+P+2C)

Explicación

En un rectángulo dividido en tres campos iguales, los equipos se colocarán en la disposición de la imagen. Sólo podrán pasar de una zona a otra los jugadores del equipo con balón (blanco) que profundizarán en ataque con la ayuda de los comodines situados en amplitud en la zona central para atacar la portería. Si el equipo negro recupera el balón podrá atacar la portería rival apoyado por los comodines.

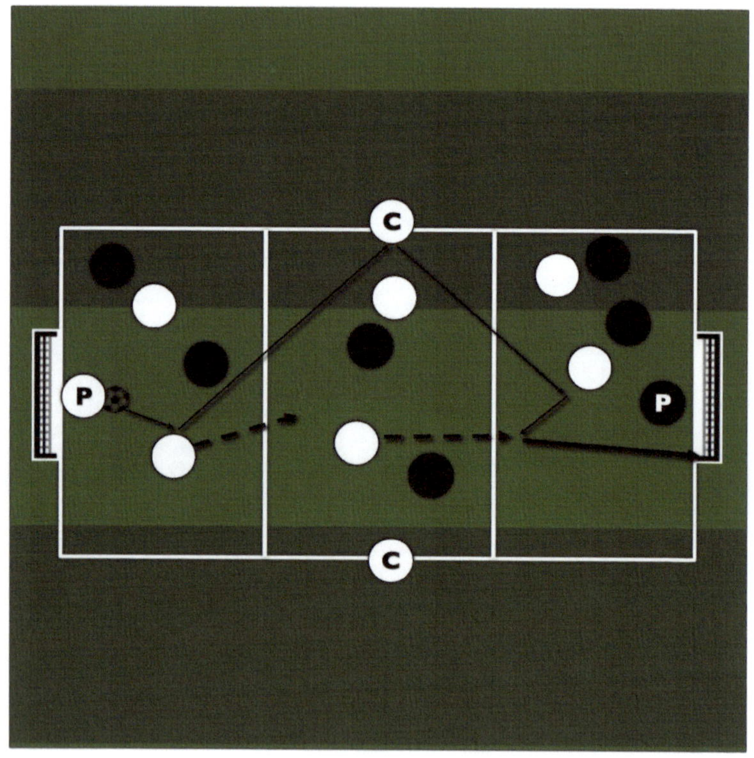

EDITORIAL WANCEULEN

Tarea N° 29	Objetivo Principal	Mejora de la amplitud y de la profundidad
	Jugadores	14 (P+6x6+P)

Explicación

En un rectángulo dividido en tres campos iguales, los equipos se colocarán en la disposición de la imagen. Cada equipo intentará pasar en profundidad a alguno de los jugadores que están en amplitud en la línea cercana a la portería rival. Cuando estos reciban tendrán que finalizar la jugada, el defensor que estaba detrás de la línea de fondo saldrá a defender la acción junto con el defensor que estaba sobre la línea.

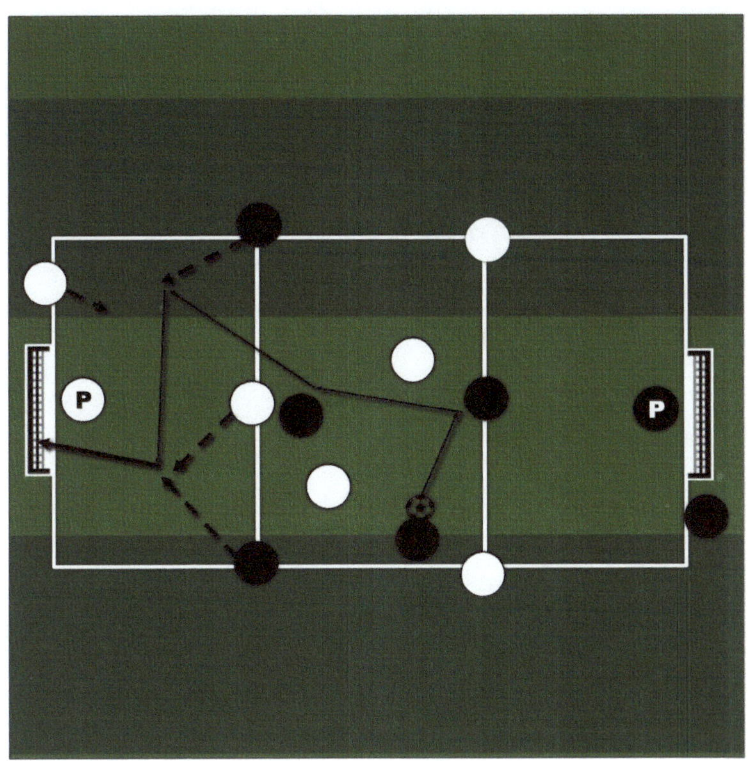

Tarea N° 30	Objetivo Principal	Mejora de la amplitud y de la profundidad
	Jugadores	12 (P+4x4+P+2C)

Explicación

Con el campo distribuido como en la imagen y con dos pasillos laterales el equipo poseedor colocará a dos jugadores en ellos y podrán entrar a la zona central cuando reciban el balón de un compañero con el que cambiará el rol. Cuando un equipo recupera el balón los comodines juegan para ellos y colocan dos jugadores en los pasillos (pueden ser los comodines o cualquier otro) para atacar en amplitud y profundizar hacia la portería rival.

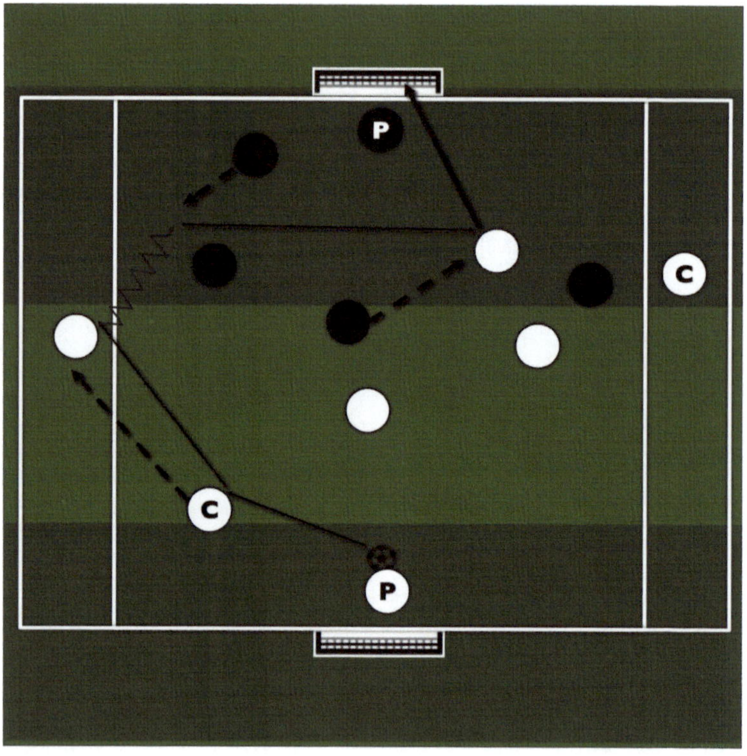

Tarea N° 31	Objetivo Principal	Mejora de la amplitud y de la profundidad
	Jugadores	12 (P+5x5+P)

Explicación

Con el campo distribuido como en la imagen y con dos pasillos laterales el equipo poseedor podrá ocupar los pasillos laterales con dos jugadores y el equipo sin balón sólo podrá ocuparlos con uno. El equipo con balón aprovechará la superioridad numérica en amplitud para profundizar. Si un equipo recupera cambia el rol con el que perdió el balón.

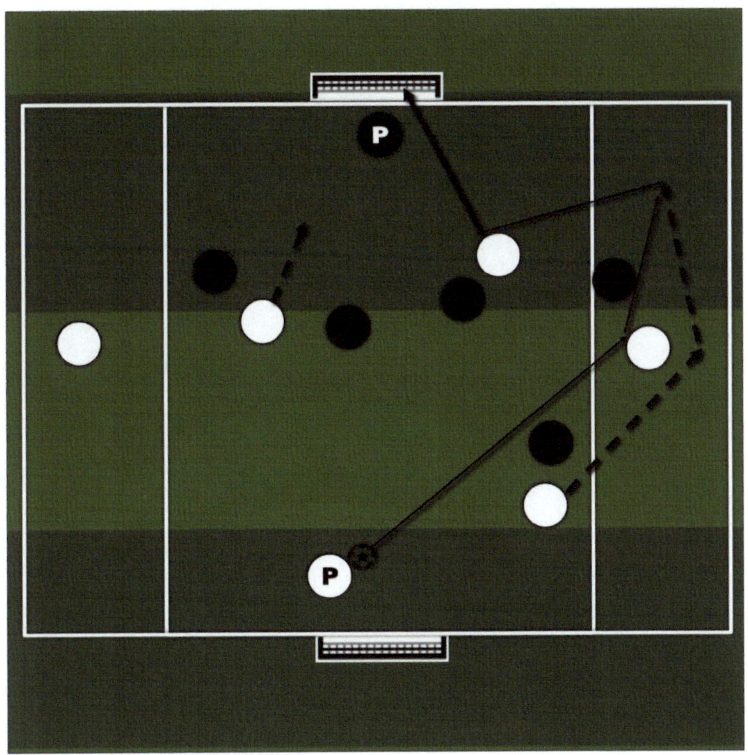

Tarea N° 32	Objetivo Principal	Mejora de la amplitud y de la profundidad
	Jugadores	12 (P+1+4x4+1+P)

Explicación

Los jugadores y el campo distribuidos como en la imagen. En el equipo sin balón los jugadores podrán abandonar sus zonas de manera lateral para evitar que profundice el equipo con balón. El equipo con balón intentará jugar con el compañero adelantado para incorporarse al ataque u ocupar una zona si la deja libre el equipo contrario para profundizar. Si un equipo recupera el balón cambiarán los roles.

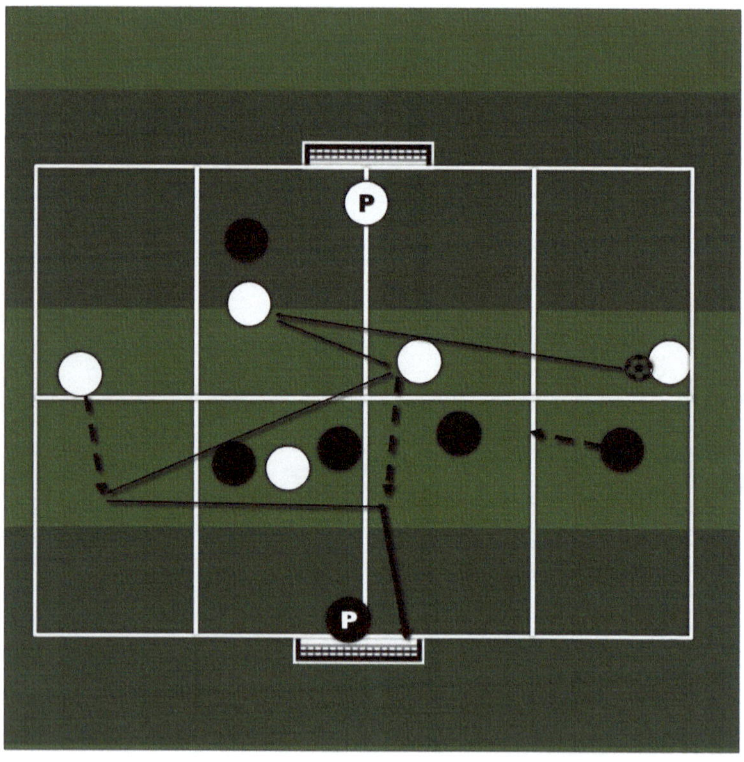

Tarea N° 33	Objetivo Principal	Mejora de la amplitud y de la profundidad
	Jugadores	20 (P+8x8+P+2C)

Explicación

En un rectángulo dividido en ocho partes iguales, con dos pasillos exteriores y distribuidos los jugadores como en la imagen (uno de cada equipo en cada cuadrado), los comodines en los pasillos laterales y los porteros en las porterías. El equipo que tiene el balón intentará profundizar en ataque apoyado por los comodines en amplitud. Los jugadores no podrá abandonar las zonas. Si un equipo recupera el balón cambiarán los roles.

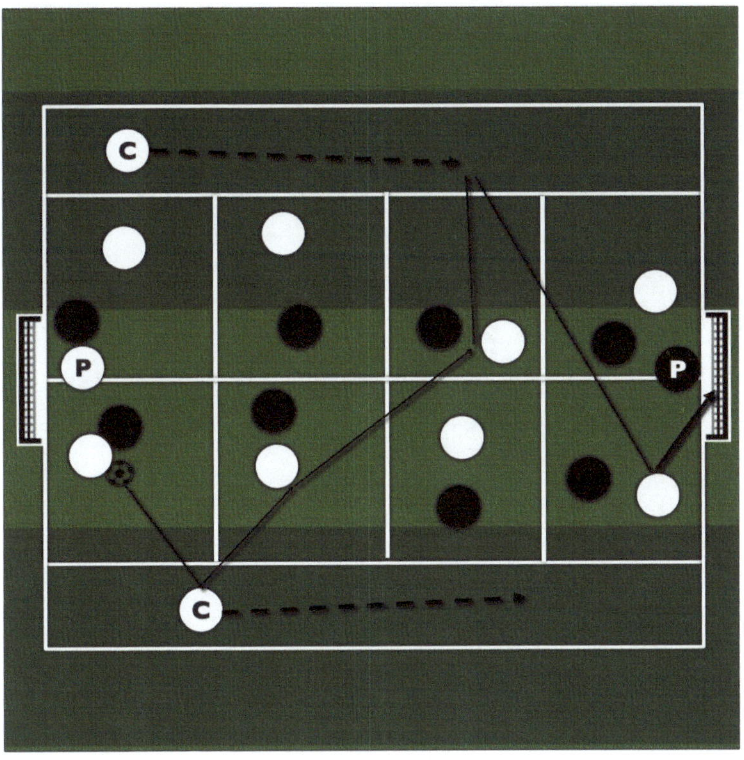

Tarea N° 34	Objetivo Principal	Mejora de la amplitud y de la profundidad
	Jugadores	16 (P+2C+3x3+3+3+P)

Explicación

Con el campo distribuido como en la imagen y los jugadores del equipo negro sobre las líneas. El equipo blanco irá atravesando las líneas conduciendo (de una en una y no pudiendo hacerlo los comodines) aprovechando la amplitud de los comodines y el jugador adelantado que siempre pasará de cara para que puedan avanzar. Los jugadores del equipo negro podrán interceptar y abandonar las líneas para interceptar o anticipar un pase. Cada vez que pasen una línea conduciendo saldrán los rivales sobrepasados , menos en la última que podrán presionar para que no finalicen. Si el equipo negro recupera se apoyará en los comodines para atacar con amplitud.

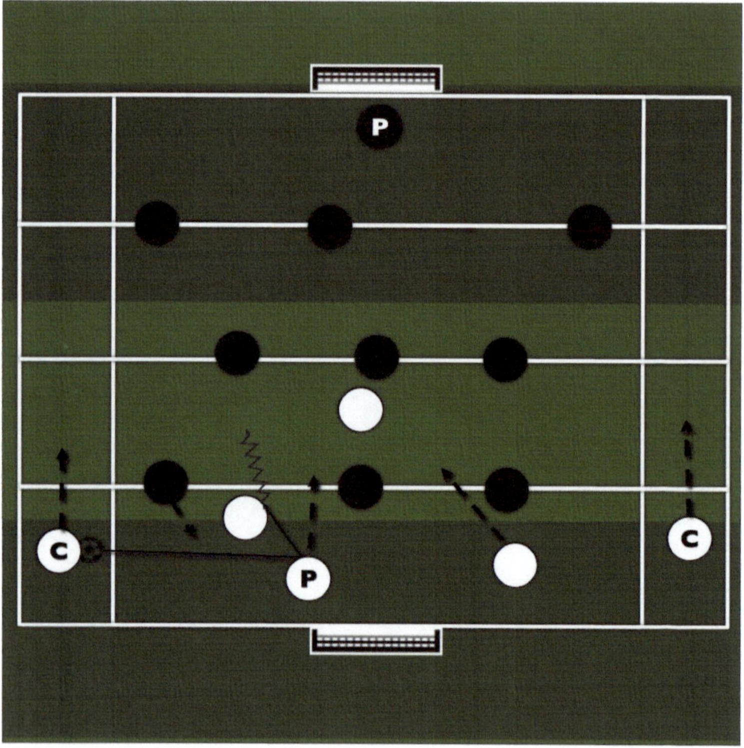

Tarea N° 35	Objetivo Principal	Mejora de la amplitud y de la profundidad
	Jugadores	16 (P+2+4x4+2+2C+P)

Explicación

En un hexágono distribuidos los jugadores como en la imagen se juega cuatro contra cuatro con dos jugadores por fuera cada equipo, dos comodines y con porteros. Los comodines jugarán con el equipo poseedor y para que valgan los goles tienen que ser a pase del jugador de fuera de cada equipo.

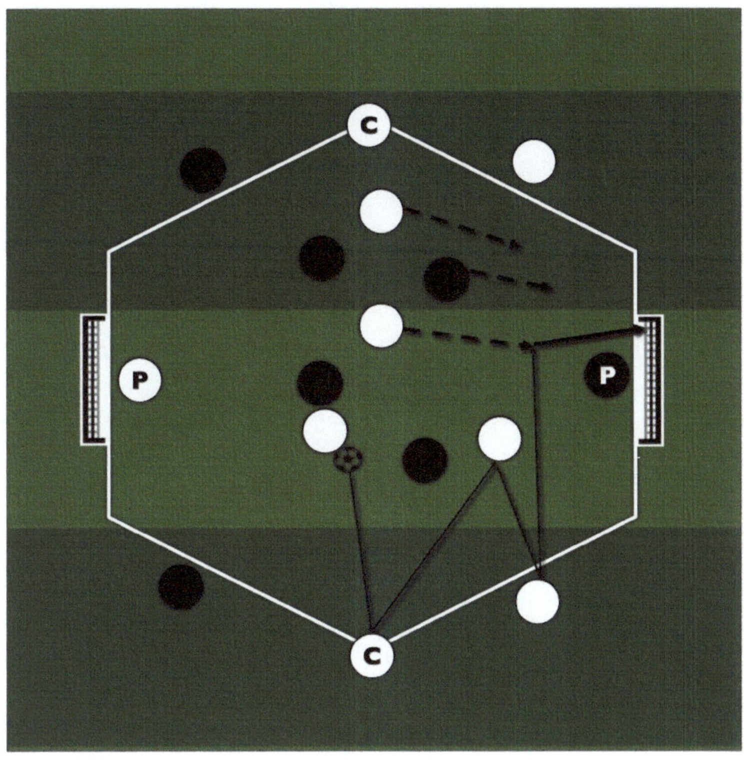

Tarea N° 36	Objetivo Principal	Mejora de la amplitud y de la profundidad
	Jugadores	10 (P+2C+3x3+P)

Explicación

Los jugadores distribuidos como en la imagen los comodines jugarán con el equipo poseedor, no podrán salir y tampoco podrán entrar rivales a los pasillos. Los goles sólo serán válidos de pase del comodín. Si un equipo recupera los comodines cambiarán de equipo para atacar la otra portería.

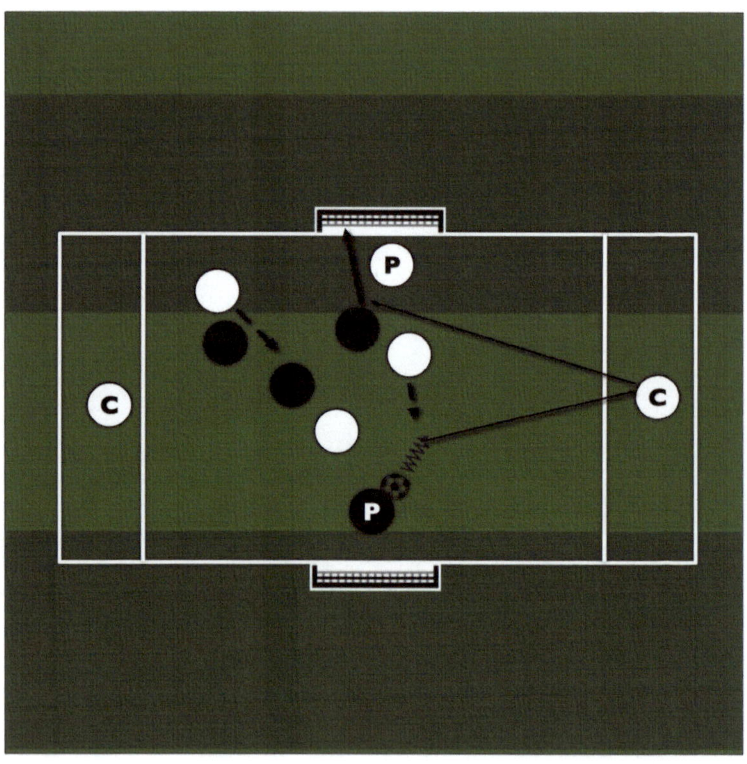

Tarea N° 37	Objetivo Principal	Mejora de la amplitud y de la profundidad
	Jugadores	10 (P+2C+1+2x2+1+P)
	Explicación	

Los jugadores distribuidos como en la imagen los comodines jugarán con el equipo poseedor, no podrán salir y tampoco podrán entrar otros jugadores en su zona. Los goles sólo serán válidos de pase del jugador adelantado. Si un equipo recupera los comodines cambiarán de equipo para atacar la otra portería.

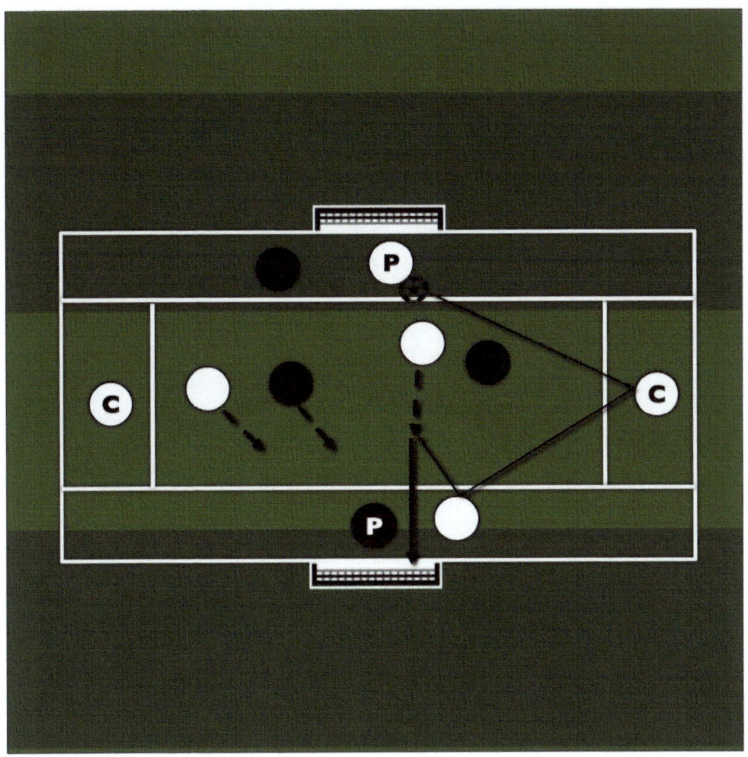

Tarea N° 38	Objetivo Principal	Mejora de la amplitud y de la profundidad
	Jugadores	9 (P+3x3+C+P)

Explicación

Los jugadores y el campo distribuidos como en la imagen. El equipo con balón tendrá un jugador en cada zona y el comodín siempre por detrás de la defensa rival y el equipo sin balón siempre tendrá que dejar una de las zonas exteriores libre (la más alejada del balón), pudiendo moverse indistintamente por las zonas para defender. Si el equipo sin balón recupera cambiarán los roles y el comodín jugará con ellos.

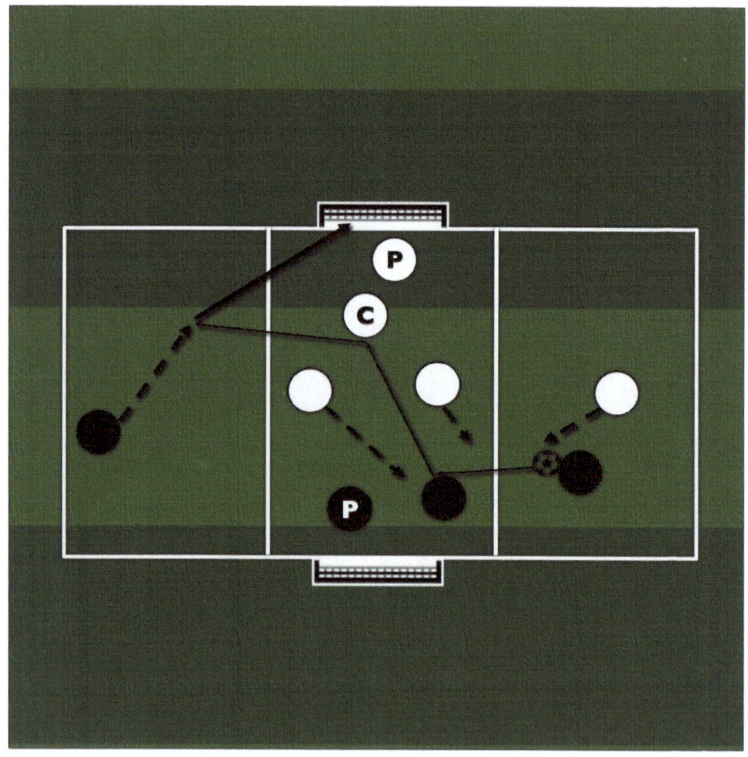

Tarea N° 39	Objetivo Principal	Mejora de la amplitud y de la profundidad
	Jugadores	14 (P+2+4x4+2+P)

Explicación

Los jugadores y el campo distribuidos como en la imagen. El equipo con balón (negro) tendrá un jugador en cada zona y se apoyará con los jugadores adelantados en amplitud para poder jugar en profundidad y el equipo sin balón (blanco) podrá moverse libremente para recuperar. Si recupera el balón cambian los roles y el equipo blanco podrá jugar con los jugadores adelantados para atacar sin salir de sus zonas.

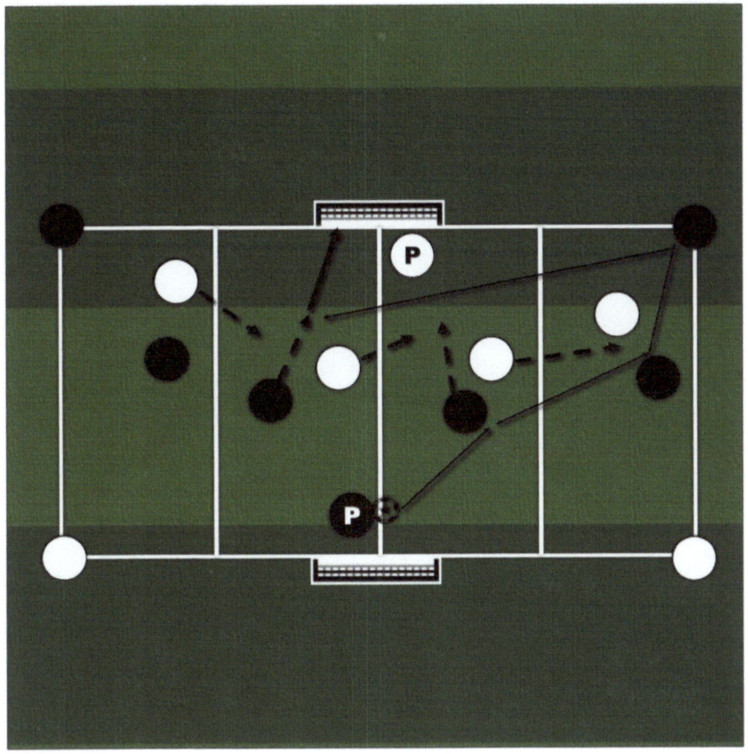

Tarea N° 40	Objetivo Principal	Mejora de la amplitud y de la profundidad
	Jugadores	14 (P+4x4+4C+P)

Explicación

Los jugadores y el campo distribuidos como en la imagen. El equipo con balón tendrá un jugador en cada zona y se apoyará con los comodines (situados en amplitud y profundidad) y el equipo sin balón podrá moverse libremente para recuperar. Si recupera el balón cambian los roles y los comodines juegan con el equipo que recuperó.

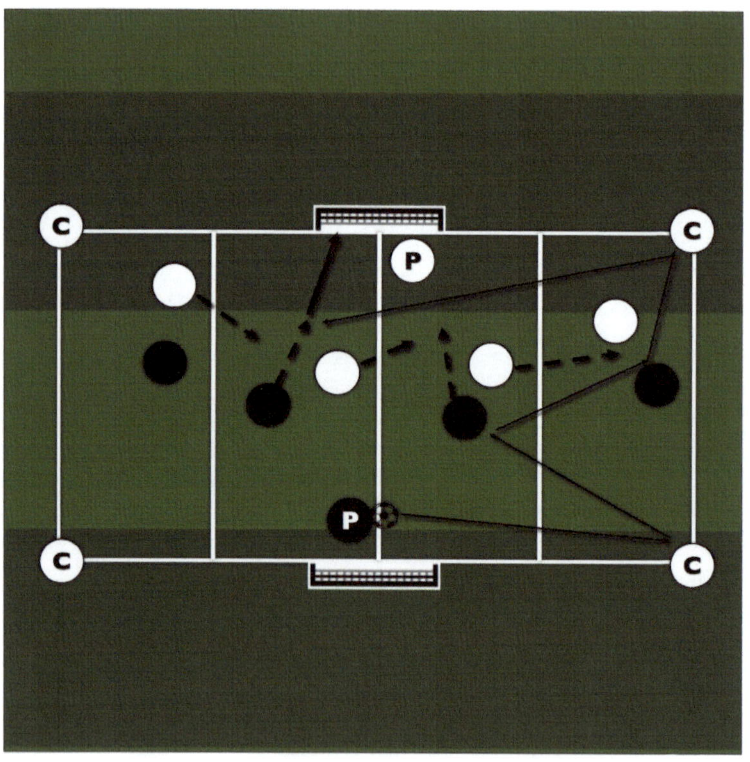

Tarea N° 41	Objetivo Principal	Mejora de la amplitud y de la profundidad
	Jugadores	11 (P+4x4+C+P)

Explicación

Los jugadores y el campo distribuidos como en la imagen. Los jugadores no podrán abandonar sus zonas y el único que podrá hacerlo será el comodín. El equipo con balón atacará en amplitud con libertad de movimientos por las zonas y con la ayuda del comodín para conseguir superioridades a distintas alturas y profundizar en el ataque. Si un equipo recupera el balón cambiarán los roles y el comodín jugará con ellos.

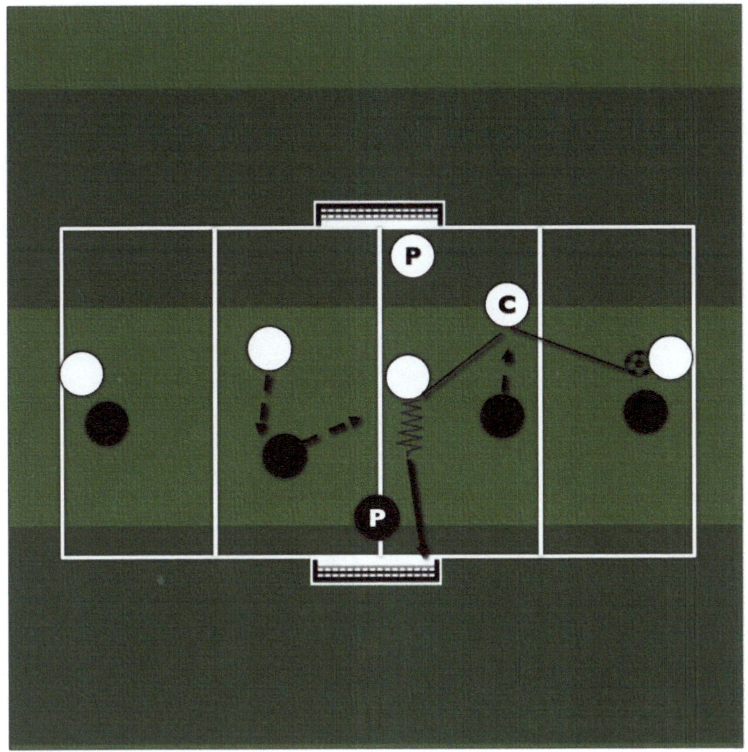

Tarea N° 42	Objetivo Principal	Mejora de la amplitud y de la profundidad
	Jugadores	19

Explicación

Con el campo distribuido como en la imagen y los jugadores del equipo negro sobre las líneas. El equipo blanco irá atravesando las distintas líneas (de tres, cuatro y cinco jugadores) conduciendo o pasando el balón (de una en una) aprovechando la amplitud de los jugadores. Los jugadores del equipo negro podrán interceptar y abandonar las líneas para anticipar un pase. Cada vez que pasen una línea saldrán los rivales sobrepasados, menos en la última que podrán presionar para que no finalicen. Si el equipo negro roba atacará la portería rival con los jugadores que le queden en el campo.

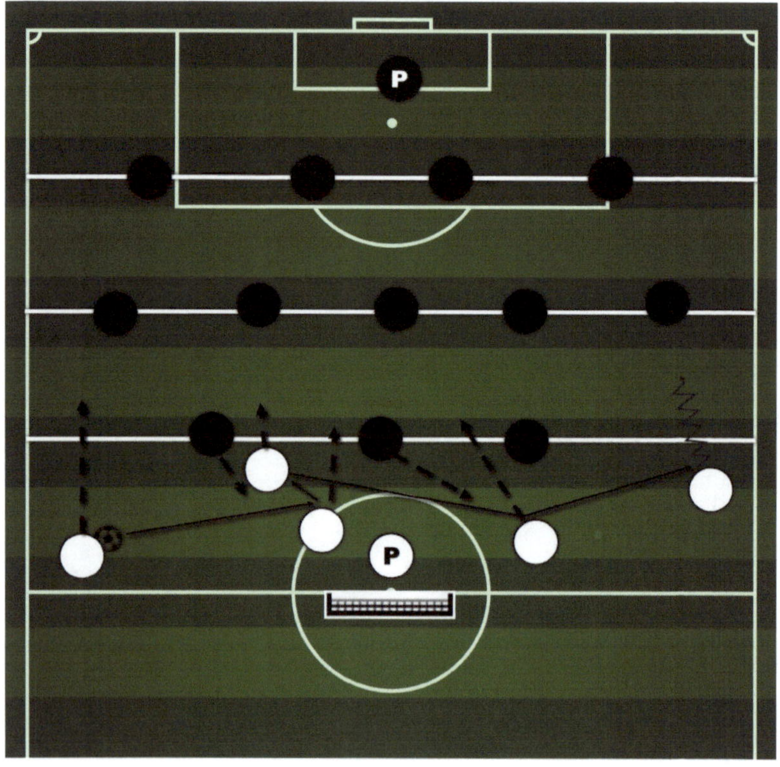

Tarea N° 43	Objetivo Principal	Mejora de la amplitud y de la profundidad
	Jugadores	12 (P+1+4x4+1+P)

Explicación

Los jugadores se distribuyen como en la imagen. El equipo blanco intentará profundizar la zona de la línea defensiva rival jugando con el jugador adelantado aprovechando la amplitud del campo, si consigue jugar con él se incorporarán al ataque para finalizar y sólo un jugador superado podrá retroceder. Si el equipo negro recupera intentará profundizar con el jugador adelantado para hacer gol en la otra portería.

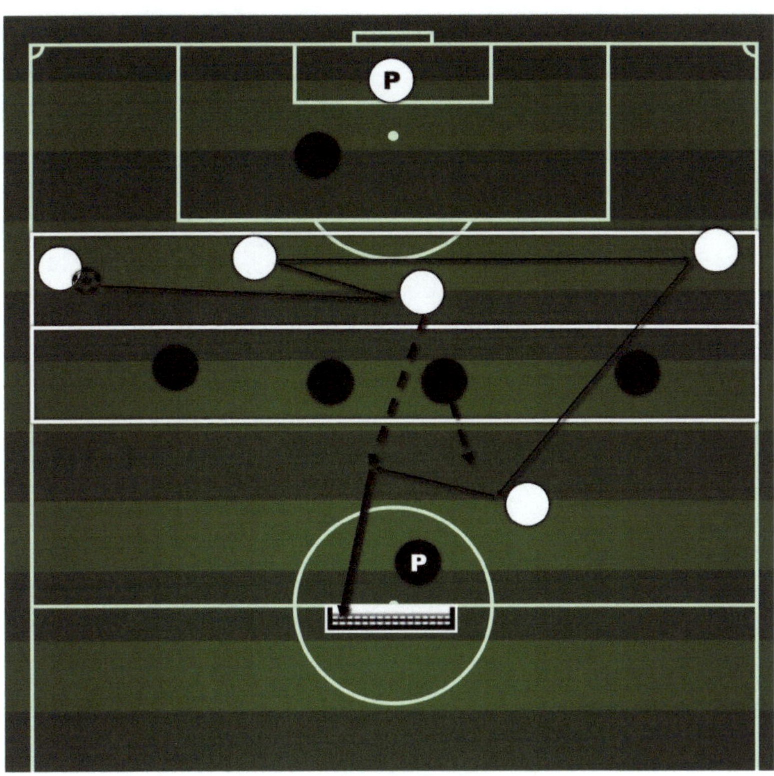

Tarea N° 44	Objetivo Principal	Mejora de la amplitud y de la profundidad
	Jugadores	18 (P+8x8+P)

Explicación

Los jugadores distribuidos como en la imagen. El equipo que no tiene balón solo podrá estar con un jugador en cada pasillo lateral y el equipo poseedor tendrá libertad de movimientos para obtener superioridad numérica, mayor amplitud y obtener profundidad por los pasillos.

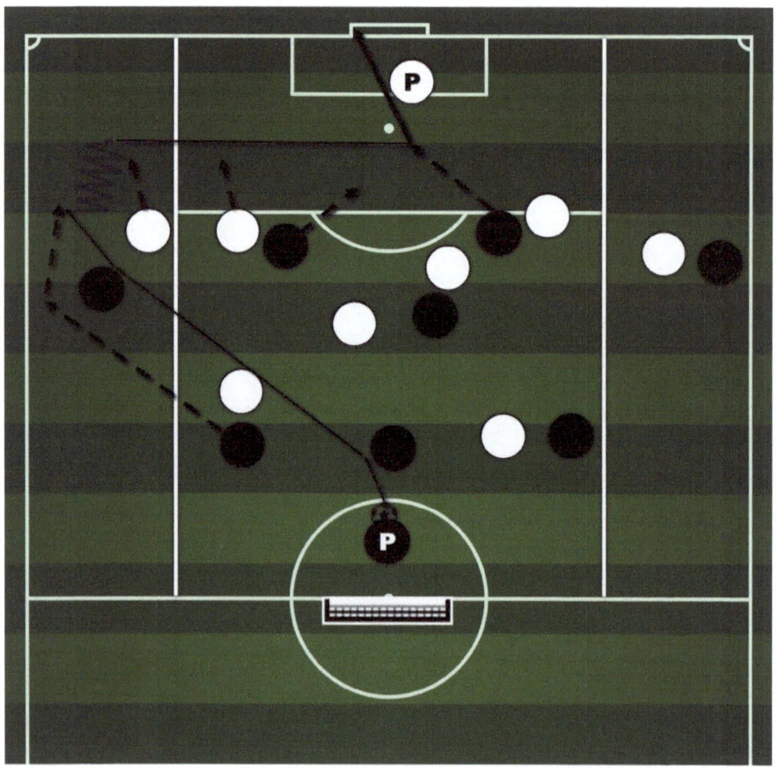

Tarea N° 45	Objetivo Principal	Mejora de la amplitud y de la profundidad
	Jugadores	16 (P+2+5x5+2+P)

Explicación

Los jugadores distribuidos como en la imagen. El equipo que tiene balón podrá jugar con los jugadores que tiene colocados en amplitud en los cuadrados y podrán salir para atacar y profundizar rápido. Si un equipo recupera el balón podrán participar sus jugadores colocados en amplitud y los del equipo que perdió volverán a su zona a esperar que su equipo recupere el balón.

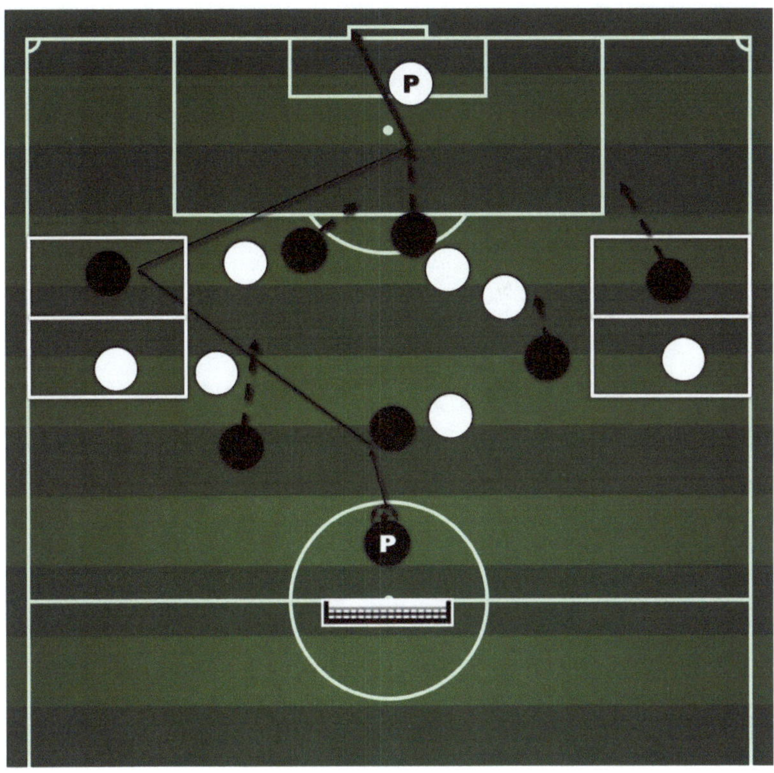

Tarea N° 46	Objetivo Principal	Mejora de la amplitud y de la profundidad
	Jugadores	16 (P+5x5+4C+P)

Explicación

Los jugadores distribuidos como en la imagen. El equipo que tiene balón podrá jugar con los cuatro comodines situados en amplitud para poder marcar en la portería rival, pudiendo entrar en la zona de los comodines los jugadores rivales para robar el balón.

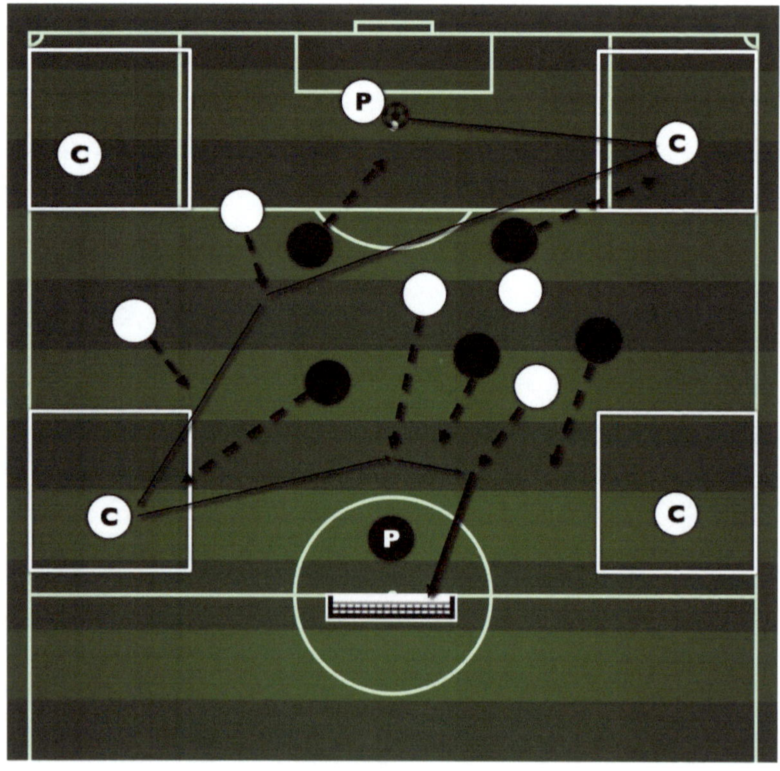

Tarea N° 47	Objetivo Principal	Mejora de la amplitud y de la profundidad
	Jugadores	20 (P+8x8+2C+P)

Explicación

Los equipos juegan un partido a campo completo no pudiendo ocupar la zona delimitada de las bandas, con ocho jugadores cada uno por dentro, porteros y dos comodines exteriores que cuando reciben juegan para el equipo que les pasó, siendo los únicos que pueden pasar el balón de un campo a otro. En caso de que un equipo recupere el balón los comodines jugarán con el equipo que recuperó.

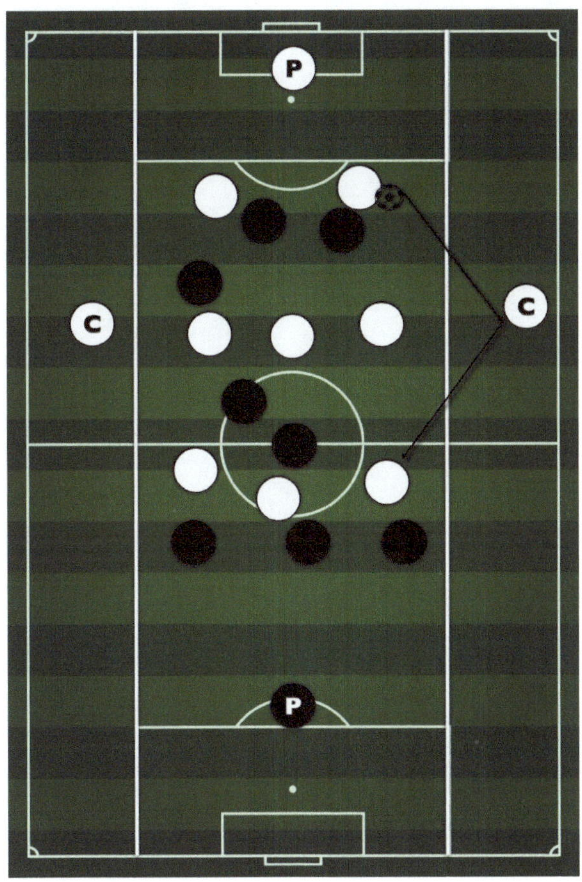

Tarea N° 48	Objetivo Principal	Mejora de la amplitud y de la profundidad
	Jugadores	22

Explicación

Partido en el que un equipo empezará teniendo la posesión de balón y el rival sobre las líneas. El equipo con balón intentará jugar con los jugadores más adelantados de la siguiente zona utilizando la amplitud que le darán los comodines que irán avanzando conforme el balón llegue a las zonas. Cuando una línea es superada esperará que su equipo recupere para atacar sobre la portería rival. Cuando se enfrenten a la última línea deberán atravesarla conduciendo y los jugadores podrán retroceder para presionar el tiro. Si el balón sale del terreno de juego los equipo cambiarán los roles.

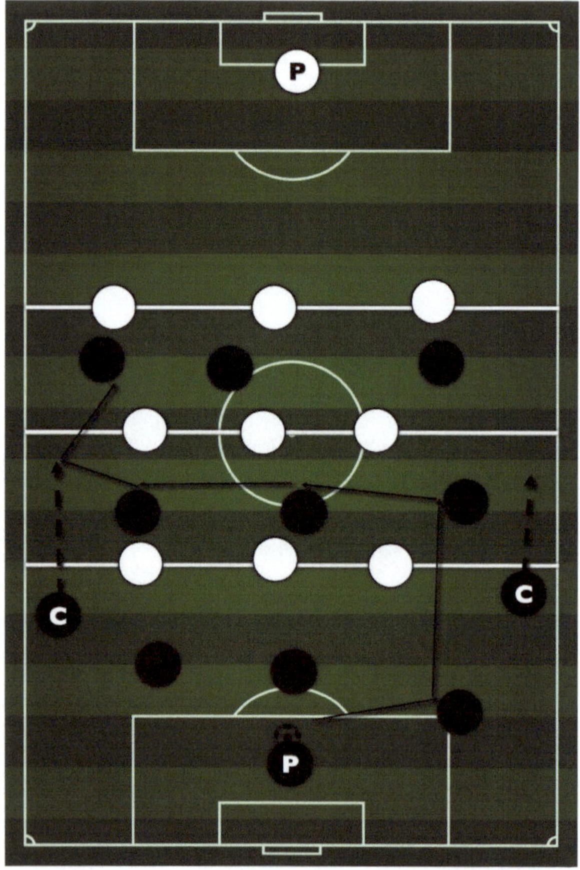

Tarea N° 49	Objetivo Principal	Mejora de la amplitud y de la profundidad
	Jugadores	23 (P+C+10x10+P)

Explicación

Partido con cuatro jugadores en defensa sobre la línea y dos abiertos en ataque (donde está la línea defensiva rival). El equipo poseedor intentará jugar en profundidad con el apoyo del comodín con los jugadores en amplitud. Una vez que el balón supere la línea defensiva podrán entrar los jugadores para atacar y defender por detrás de la línea.

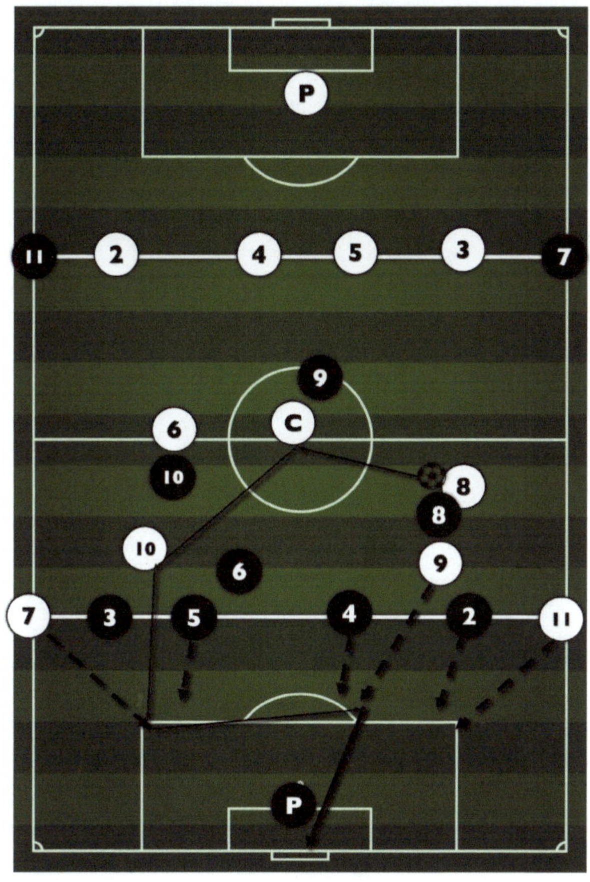

Tarea N° 50	Objetivo Principal	Mejora de la amplitud y de la profundidad
	Jugadores	21 (P+2C+8x9+P)

Explicación

Los jugadores distribuidos como en la imagen. Partido en el que un equipo empezará teniendo la posesión de balón y el rival repartido por las zonas. El equipo con balón intentará jugar con los jugadores más adelantados y poder profundizar a la siguiente zona utilizando la amplitud que le darán los comodines que irán avanzando conforme el balón llegue a las zonas. Cuando una zona es superada los jugadores esperarán que su equipo recupere y poder atacar sobre la portería rival. Cuando se enfrenten a la última zona atacarán la portería.

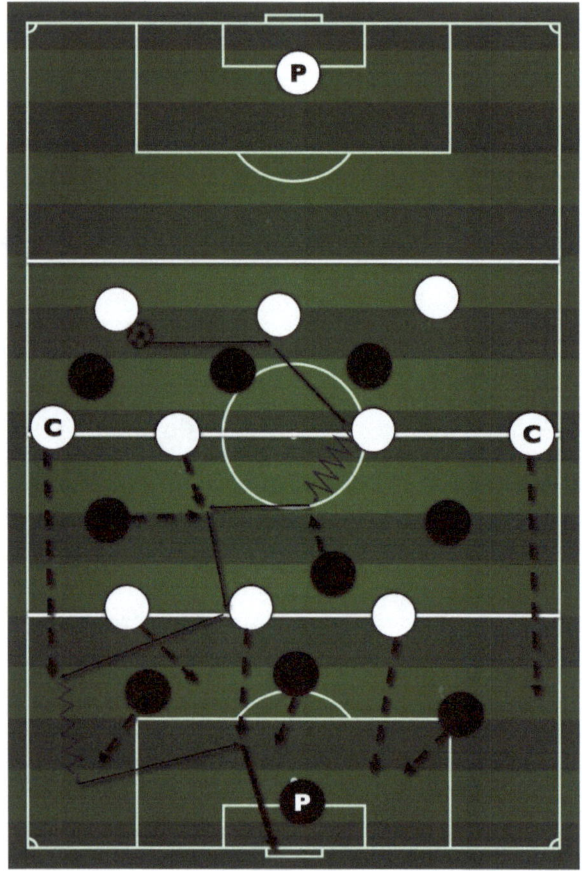

BIBLIOGRAFÍA

- Bangsbo, J. y Peitersen, B. (2002): *Fútbol: Jugar en defensa.* Editorial Paidotribo. Barcelona.
- Caneda, R. (1999): *La zona en Fútbol.* Editorial Wanceulen. Sevilla.
- Cano Moreno, Óscar (2010): *Fútbol: Entrenamiento global basado en la interpretación del juego.* Editorial Wanceulen.
- Castellano, J y Casamichana, D. (2016): *El arte de planificar en fútbol.* Editorial Fútbol de Libro.
- Castellano, Julen y Casamichana, David (2016): *El arte de planificar en fútbol,* Editorial Futbol de libro.
- Castellano, Julen; Casamichana, David y San Román, Jaime (2015): *Los juegos reducidos en el entrenamiento del fútbol.* Editorial Futbol de libro.
- Castelo, J. (1999): *Futbol. Estructura y dinámica del juego.* Editorial INDE. Barcelona.
- Conde, M. (2000): *Contraataque.* Instituto Monsa de Ediciones.
- Couto, A. (2015): *Las grandes escuelas del Fútbol Moderno.* Editorial Fútbol de libro.
- Fradua, Luis (1997): *La visión periférica del futbolista.* Editorial Paidotribo.
- García Ocaña, Francisco (2008): *Fútbol y Fútbol sala: 250 actividades sociomotrices.* Editorial Paidotribo. Barcelona.
- Garganta, J. y Pinto, J. en Graça, A. y Oliveira, J. (1997): *La enseñanza de los juegos Deportivos.* Editorial Paidotribo.
- González, Alberto (2013): *Fútbol. Dinámica del juego desde la perspectiva de las transiciones.* Editorial Learning 11.
- Juan Sánchez, D. (2016): *La Periodización Táctica en Fútbol Base y Aficionado: Aplicación práctica para categoría infantil, cadete, juvenil o aficionado.* Autoedición.
- López López, Javier (2008): *Fútbol: Alevines: 120 fichas de sesiones de entrenamiento.* Editorial Wanceulen. Sevilla.
- López López, Javier (2008): *Fútbol: Cadetes: 160 fichas de sesiones de entrenamiento.* Editorial Wanceulen. Sevilla.

- López López, Javier (2009): *400 tareas integradas para el entrenamiento de la táctica ofensiva.* Editorial Wanceulen.

- López López, Javier (2009): *500 juegos para el entrenamiento físico con balón.* Editorial Wanceulen.

- López López, Javier (2009): *Fundamentos tácticos defensivos.* Editorial Wanceulen.

- López López, Javier (2009): *Fundamentos tácticos ofensivos.* Editorial Wanceulen.

- López López, Javier (2009): Fútbol: *1380 Juegos globales para el aprendizaje y perfeccionamiento de la técnica ofensiva y defensiva.* Editorial Wanceulen. Sevilla.

- López López, Javier (2009): *Fútbol: Prebenjamines: 80 fichas de sesiones de entrenamiento.* Editorial Wanceulen. Sevilla.

- López López, Javier (2013): *Fútbol: Benjamines: 80 fichas de sesiones de entrenamiento.* Editorial Wanceulen. Sevilla.

- López López, Javier (2013): *Fútbol: Infantiles: 120 fichas de sesiones de entrenamiento.* Editorial Wanceulen. Sevilla.

- López López, Javier (2013): *Fútbol: Juveniles: 160 fichas de sesiones de entrenamiento.* Editorial Wanceulen. Sevilla.

- López López, Javier (2013): *Fútbol: Senior (2013): 175 fichas de sesiones de entrenamiento.* Editorial Wanceulen. Sevilla.

- López López, Javier; Wanceulen Moreno, Antonio; Wanceulen Moreno, José F. y Bernal Ruiz, Javier (2009): *225 juegos para el entrenamiento integrado del pase en el fútbol.* Editorial Wanceulen.

- Mayer, R. (1996): *Fichas de fútbol. 120 juegos de ataque y defensa.* Hispano Europea. Barcelona.

- Portugal, M. A. (2018): *El entrenamiento en Fútbol. Rondos y mantenimientos.* Editorial Lisma.

- Seirul´lo, F. (1999): *Criterios modernos del entrenamiento en el fútbol.* Revista Training Fútbol. Valladolid.

- Tamarit, X. (2007): *¿Qué es la periodización Táctica?* Editorial M.C. Sports.